ESSAI

SUR LE PRINCIPE

DES NATIONALITÉS

L'auteur et les éditeurs déclarent réserver leurs droits de traduction et de reproduction à l'étranger.

Ce volume a été déposé au ministère de l'intérieur (section de la librairie) en février 1882.

PARIS. TYPOGRAPHIE DE E. PLON ET Cie, RUE GARANCIÈRE, 8.

ESSAI

SUR

LE PRINCIPE

DES NATIONALITÉS

PAR

UN DIPLOMATE

PARIS

E. PLON ET Cie, IMPRIMEURS-ÉDITEURS

RUE GARANCIÈRE, 10

1882

Tous droits réservés

ESSAI

SUR LE PRINCIPE

DES NATIONALITÉS

Le principe des nationalités a pris un grand ascendant dans la politique, et l'on tend, de divers côtés, à lui assurer une influence encore plus grande.

Il faut se demander ce qu'il y a de légitime dans ces efforts.

Lorsqu'on examine une question politique, on se passionne facilement; mais, pour bien faire, on ne saurait avoir trop de calme et d'impartialité.

Parfois, c'est l'amour de la patrie qui influe sur le jugement, et les erreurs dues à cette influence sont d'autant plus dangereuses qu'elles ont pour origine des sentiments très-élevés et très-légitimes.

Le mot « patrie », à lui seul, exerce une puissance magique. — « La patrie! c'est-à-
« dire les premières impressions de l'en-
« fance; les souvenirs de l'aïeul et ses récits
« vénérés; le premier sourire échangé entre
« une vie qui s'éveille et la terre qui la
« reçoit; le doux murmure du langage ma-
« ternel; les longues et chères contempla-
« tions des mêmes collines, des mêmes val-
« lées, du même ciel. — La patrie! c'est-à-
« dire les premiers tressaillements d'un
« cœur de douze ans sur une page d'his-
« toire; les premiers serments du jeune
« homme à cet être mystérieux qu'il jure

« d'aimer; l'orgueil de le servir, enfin,
« l'heure venue; le repos du vieillard tran-
« quille sur l'avenir de ses fils; la confiance
« que le pied de l'étranger ne dérangera pas
« sa tombe. La patrie! c'est-à-dire l'église où
« vous avez reçu le baptême et dont le cime-
« tière garde les os de vos pères. La patrie!
« c'est-à-dire le drapeau national que, dans
« les dernières détresses des batailles, cent
« mains défaillantes se transmettent à tra-
« vers le feu et la mort. La patrie! c'est-à-
« dire tout un peuple faisant retentir d'un
« pas libre le sol libre d'un grand pays :
« tout cela, et plus encore, est, dans un
« seul mot magique, la réunion de tout ce
« que Dieu a mis de plus cher et de plus
« sacré au cœur des hommes. » (Henri
Perreyve.)

Malgré tout, l'amour de la patrie ne doit

jamais empiéter sur l'amour de la vérité et de la justice.

Pour bien examiner la question dont il s'agit, il faudra d'abord chercher à établir ce qu'il faut entendre par « nation » et par « nationalité ».

Il faut se rendre compte du passé pour avoir une idée claire du présent. Il sera utile de voir quelle importance on attachait à la nationalité dans les temps anciens, au moyen âge et dans les temps modernes.

Il faudra aussi se demander quelle est l'origine du principe des nationalités.

On aura également à examiner quels sont les avantages, quels sont les inconvénients et les dangers qui peuvent résulter de la vivacité du sentiment national.

De différents côtés, on se sent appelé à

appliquer le principe des nationalités. Nous essayerons de présenter à cet égard des considérations utiles.

Après cela, quelques indications sur le caractère des différentes nations ne seront pas superflues.

On est bien loin de donner toujours la
même signification au mot « nation ».

« Les termes « nation » et « nationalité »
« sont, d'après le langage général, vagues ;
« dans la terminologie politique, ils sont
« politiques et non pas ethnographiques
« ni anthropologiques, et les nations essen-
« tiellement politiques n'entendent par na-
« tion qu'un corps politique. Si l'on veut
« expliquer le mot « nation » par son ori-
« gine, la nation est, pour les hommes poli-

« tiques, un ensemble d'individus qui ne
« s'est pas formé tout naturellement, mais
« qui doit son existence à des événements
« politiques. L'ethnographie s'occupe de
« races, de peuples et de peuplades, c'est-à-
« dire de groupes d'individus qui se rangent
« d'après le genre, l'espèce et la variété. Ce
« n'est que dans la politique qu'il y a des
« nations. C'est ainsi que comprennent ce
« terme les peuples dont l'esprit politique
« est reconnu. Les Anglais, les Écossais et
« les Irlandais parlent tous de la nation bri-
« tannique. Il existe toutefois pour eux des
« races anglo-saxonne, gallique et celtique. »
(Jules FROEBEL.)

« L'esprit, la liberté, l'histoire, agissent
« sur les races, les tribus, les familles, et
« séparent ce qui, de sa nature, devrait
« demeurer réuni; ils confondent ce qui est

« différent de sa nature, ou ils parviennent
« au moins à l'assimiler. La parenté intel-
« lectuelle ou la diversité intellectuelle est
« indépendante de la généalogie. C'est à
« cette influence de l'esprit et de l'his-
« toire sur ce qui est différent de sa nature
« qu'est due la notion « nation », et ce
« qui constitue la nation ne consiste pas
« dans l'origine, la langue, mais dans l'opi-
« nion qu'ont les membres d'une nation
« qui se considèrent tous comme une
« nation. L'idée « nation » repose sur l'opi-
« nion qu'ont les individus formant une
« nation d'eux-mêmes, de leur égalité et
« de leur homogénéité. Lorsqu'il s'agit de
« plantes et d'animaux, c'est au natu-
« raliste de les ranger dans les différentes
« espèces d'après leur caractère ; mais
« nous demandons aux hommes à quelle

« nation ils appartiennent. » (LAZARUS.)

En général, on dit qu'une nation est une réunion d'individus habitant le même territoire, soumis au même gouvernement, parlant ou ne parlant pas la même langue, ayant depuis longtemps des intérêts tellement communs qu'on les regarde comme un ensemble indivisible.

La volonté est pour beaucoup dans la formation des nations; par elle, les races finissent par devenir nations. On ne peut pas, toutefois, dire qu'il suffise de vouloir pour devenir une nation.

Pour qu'une nation se maintienne, l'esprit patriotique est nécessaire. « Sans cet esprit, les États sont des peuplades, et non pas des nations. » (RAYNAL.)

Certaines aspirations nationales sont contraires au vrai patriotisme.

Selon M. de Mohl, la nationalité est ce qui caractérise une multitude d'individus au physique et au moral, qui se révèle dans l'extérieur et dans la langue ainsi que dans toute la manière d'être, et qui est fondé sur les qualités natives, mais qui s'accentue aussi davantage et se développe sous l'influence des événements politiques.

« La nationalité est plutôt le résultat du « développement historique d'un peuple « qu'un principe absolu. » (HELD.)

M. Gumplowicz et M. Siegfried Brie voient dans la nationalité une communauté spirituelle. « La nationalité ne doit pas par-« tager la chute des États; elle lui peut sur-« vivre comme quelque chose de spirituel « qui existe dans les esprits cultivés. » (GUMPLOWICZ.)

D'après M. Keleti, « la nationalité n'est

« pas autre chose qu'un *sentiment* ana-
« logue à celui de la religion, s'alliant au
« patriotisme qui anime tout l'individu et
« pouvant dépendre aussi du libre choix
« de même que la patrie; ce n'est qu'un
« sentiment sur lequel réagissent l'appar-
« tenance, la naissance ou la descendance,
« les caractères des races et tout ce qui
« en dépend, et qui, tendant à se mani-
« fester comme la religion le fait par ses
« dogmes et ses cérémonies, se sert de la
« langue comme instrument de ces mani-
« festations ».

M. Thiers a dit : « Les nationalités con-
« sistent dans le caractère des peuples, dans
« ce caractère tracé profondément, ineffa-
« çablement. On dit qu'il faut revenir à
« l'œuvre de la nature. Eh bien, l'œuvre
« de la nature, elle est là, car enfin c'est

« bien la nature qui a formé les peuples. .

. . . .

« Et l'on irait chercher dans nos origines,
« dans quelques traits de nos visages, dans
« notre accent, peut-être, dans les patois
« restés au fond de nos provinces, le signe
« de notre nationalité ! . . . .
« Non, notre nationalité, c'est ce que le temps
« a fait de nous, en nous forçant à vivre pen-
« dant des siècles les uns avec les autres,
« en nous inspirant les mêmes goûts, en
« nous faisant traverser les mêmes vicis-
« situdes, en nous donnant pendant des
« siècles les mêmes joies et les mêmes dou-
« leurs. Voilà ce qui constitue la nationa-
« lité ; et celle-là est la seule universelle-
« ment reconnaissable par les hommes. »

Selon M. de Balbi et M. Boekh, la langue
serait le signe caractéristique de la nationa-

lité. Le baron d'Eötvös et d'autres ont été d'un avis contraire.

A l'appui de cette opinion, M. B. Becker a dit : « Les enfants apprennent la langue « de leurs nourrices et de leurs bonnes. Si « la langue était le signe caractéristique de « la nationalité, un enfant parlant plusieurs « langues appartiendrait à plusieurs natio- « nalités. »

On peut aussi, à cet égard, invoquer des faits très-significatifs. Les Anglais et les Américains du Nord parlent la même langue, ainsi que les Portugais et les Brési- liens; mais il y a pourtant quatre nationalités bien différentes.

Elles se sont formées en peu de temps. Les Portugais considèrent les Brésiliens comme des étrangers. A plus forte raison ils ne voudront pas avoir pour compatriotes les Espagnols dont ils ne partagent ni les traditions ni la manière de voir, ce que devraient se dire tous ceux qui rêvent l'union ibérique. Ils ne devraient pas non plus perdre de vue que la nation portugaise, tout en sentant être autre que la nation brésilienne, est moralement renforcée par celle-ci vis-à-vis des Espagnols.

La langue des Basques est tout autre que celle des Espagnols, et les Basques font toutefois partie de la nation espagnole. Il y a une nation suisse, bien qu'on parle trois langues en Suisse. L'empire russe est composé d'éléments fort hétérogènes, et l'on y parle au delà de quatre-vingts langues; mais on est unanime à dire qu'il y a une nation russe.

J'ai cru devoir mentionner les divergences d'opinion sur les termes « nation » et « nationalité », pour faire voir que le sens de ces mots est loin d'être fixé.

L'esprit national provient du souvenir que les destinées des aïeux ont été unies, et que, dans le présent, il y a une solidarité matérielle, spirituelle et politique basée sur une communauté d'intérêts, de sentiments, d'aspirations et de traditions.

« Comme chaque individu, chaque nation « a sa conscience, par laquelle elle devient « une nation, comme l'individu une person- « nalité. . . . . « La conscience sera fondée sur l'origine, la « langue, la vie commune dans l'État, etc.; « mais ce qui lui donne de la clarté et qui « la constitue, c'est qu'on se sent soi-même « comme un ensemble, comme une nation. » (Lazarus.)

M. J. H. Bidermann admet trois espèces de nationalités : une nationalité politique, une nationalité spirituelle (et morale) et une nationalité physique.

M. F. Cavazzoni Pederzini parle des nationalités physiologique, linguistique, géographique et politique, et y ajoute encore les nationalités artistique, poétique et religieuse.

Voltaire a dit : « Il y a dans le monde « une nation d'honnêtes gens et de gens « d'esprit qui sont tous compatriotes. »

M. Thiers s'est posé la question : « Qu'est-ce que c'est qu'une nation? » et s'est borné à répondre : « Elle doit être un honnête « homme. Mais cela ne veut pas dire « qu'elle abandonne son intérêt, pas plus « que le père de famille honnête n'aban-« donne le sien en se conduisant avec « probité. »

On considère les grands génies comme

étant au-dessus de leur nationalité. Leur individualité est si puissante qu'elle subjugue le caractère national et qu'elle influe sur lui jusqu'à le transformer.

Lors d'un congrès de savants, le roi dom Luiz de Portugal a dit : « La science n'a pas de nationalité. »

Il est fort heureux que le nationalisme ait des bornes et que le bon sens et surtout aussi la vérité soient plus ou moins de tous les pays.

Dans le monde ancien, on a attaché la plus grande importance à la nationalité chez le peuple hébreu. Pour accomplir sa mission de conserver intacte la croyance en un seul Dieu, ce peuple devait être exclusif et s'entourer de murs de séparation.

La haute position que Joseph avait acquise en Égypte fait voir qu'on n'avait pas partout le même éloignement pour les étrangers; mais, en général, l'influence de la race était presque partout prédominante dans l'antiquité.

D'après une loi attribuée à Lycurgue, les étrangers étaient bannis de Sparte.

Grâce à Solon, on pouvait, à Athènes, obtenir le droit de cité à certaines conditions. Plus tard, on n'exigea plus l'accomplissement de ces conditions. Cette facilité d'accorder le titre de citoyen coïncida avec la décadence des croyances nationales à Athènes.

Les lois de Solon n'ont toutefois pas changé l'opinion des Grecs sur les étrangers. Cicéron dit qu'ils les regardaient comme des barbares.

Les Romains ont, en écoutant la raison d'État, fait systématiquement abstraction de la nationalité. Tout étranger pouvait, dans certaines conditions, devenir citoyen romain. Mais cela ne les empêchait pas de considérer les étrangers comme leur étant inférieurs, et aussi comme des ennemis.

La religion chrétienne a, plus que tout, fait disparaître les murs de séparation entre les diverses nations; elle a placé l'humanité au-dessus de la nationalité.

Charlemagne a réuni sous son sceptre bien des races différentes. Son empire comprenait, en dehors de la France, la plus grande partie de la Catalogne, de la Navarre et de l'Aragon, l'Allemagne, jusqu'aux bords de l'Elbe, de la Saale et de l'Eider, la haute Italie et l'Italie centrale, l'Istrie et l'Esclavonie.

En parlant de Charlemagne, M. Thiers a dit : « Lorsque l'empire romain ne pou-
« vant plus se défendre, des nuées de bar-
« bares franchirent le Rhin, les Gaules, les

« Pyrénées, l'Espagne, le détroit de Gibral-
« tar, et, ravageant ainsi l'Europe du nord
« au sud, allèrent achever la destruction du
« monde civilisé dans l'antique Carthage;
« lorsque Dieu, qui tient dans ses mains
« l'équilibre des empires de même que
« celui des mondes, lorsque Dieu à ce flot
« dévastateur du Nord voulut opposer le
« flot du Sud, et que les populations musul-
« manes déchaînées, ravageant l'Europe
« en sens contraire, franchirent à leur tour
« le détroit de Gibraltar, l'Espagne, les
« Pyrénées, et vinrent rencontrer dans les
« champs de Poitiers les populations du
« Nord, commandées par Charles Martel,
« il y eut en ce moment un choc épouvan-
« table! Mais, à la suite de ce choc, le Sud
« et le Nord se trouvèrent immobilisés l'un
« par l'autre. D'immenses débris de tous les

« peuples couvrirent le centre de l'Europe,
« et alors vint ce sublime barbare, ce mor-
« tel vraiment providentiel : Charlemagne!
« Ah! si cet esprit simple et grand eût été
« accessible aux caprices de notre temps,
« s'il avait eu le goût des nationalités, ah!
« sans doute, il pouvait le satisfaire.

« Il le pouvait assurément!... Il pouvait
« rejeter tous les Vandales en Afrique, ne
« laisser en Espagne que des Goths; en
« France, que des Francs; en Allemagne,
« que des Germains. Mais il respecta l'œu-
« vre du temps, quoique à peine commen-
« cée, et sur ce chaos de tous les peuples,
« faisant régner pendant plus d'un demi-
« siècle l'ordre, la justice, la civilisation
« chrétienne, qui était la seule civilisation
« de ce temps, il est devenu le fondateur
« du temps moderne.

« Et qu'est-il arrivé? Le temps a fait son
« œuvre, il a nivelé toutes les populations,
« et ce temps, que les hommes accusent
« d'être destructeur, mais qui est bien plus
« créateur encore que destructeur, le temps
« a créé les nations modernes. »

Au moyen âge, on tenait peu de compte
de la nationalité. Le principal était d'être
chrétien; la nationalité n'était qu'une chose
secondaire.

En Italie, les Gibelins, prenant fait et
cause pour les empereurs d'Allemagne,
combattaient avec le plus grand acharne-
ment leurs compatriotes, les Guelfes.

C'est au moyen de la langue latine que
se comprenaient les hommes cultivés de
toutes les nations.

L'université de Paris était formée de
quatre nations : France, Picardie, Nor-

mandie et Angleterre, qui comprenait la Germanie. Beaucoup d'Allemands faisaient leurs études à l'université de Bologne. Lorsqu'on créa l'université de Prague, elle fut divisée en quatre nations : Bohêmes, Bavarois, Saxons et Polonais.

Il faut se rappeler qu'au temps de Frédéric Barberousse, le roi de Bohême était échanson héréditaire de l'empire romain.

Plus tard, l'empereur Charles-Quint a, comme Charlemagne, réuni sous son sceptre des races différentes, et cet empereur a su bien apprécier les qualités de chacune d'elles. D'ailleurs, ennemi mortel de la France, il aimait si fort la langue française qu'il s'en servait pour haranguer les États des Pays-Bas.

A cette époque, la religion et la politique divisaient les esprits, et l'on faisait complétement abstraction de la nationalité, ce qui a continué encore au delà de deux siècles.

Des étrangers pouvaient acquérir un grand prestige, même dans de grands empires. Quelle influence n'a pas exercée en Autriche le prince Eugène de Savoie! Selon l'ambassadeur vénitien Daniel Bragadin, ce prince était l'âme et le premier moteur du cabinet de Vienne, et méritait bien l'estime générale de l'Europe, étant connu pour sa bravoure prouvée par onze victoires remportées à la tête des armées impériales, et rehaussant par son esprit, par la suavité et la droiture de son âme les autres qualités qui l'ornaient.

Il signait : « Eugenio von Savoie » et représentait ainsi trois nationalités par sa signature. Il y était bien autorisé : il avait la fine intelligence et la souplesse des Ita-

liens, la solidité et la profondeur des Allemands, la vivacité et le noble élan des
Français. Il était cosmopolite dans la plus
belle acception du mot, et en même temps
patriote autant qu'on peut l'être.

En parlant du prince Eugène de Savoie,
dont le chevalier d'Arneth a écrit la bio-
graphie de façon qu'on doit lui être recon-
naissant, Fénelon, ordinairement sobre
dans ses éloges, a dit : « Ses actions de
« guerre sont grandes; mais ce que j'es-
« time le plus en lui, c'est des qualités
« auxquelles ce qu'on appelle la fortune n'a
« aucune part. On assure qu'il est vrai sans
« faste, sans hauteur, prêt à écouter sans
« prévention et à répondre en termes pré-
« cis. Il se dérobe des moments pour lire;
« il aime le mérite; il s'accommode à toutes
« les nations; il inspire la confiance : voilà

« l'homme que vous allez voir. Je voudrais
« bien le voir aussi dans nos Pays-Bas :
« j'avoue que j'ai de la curiosité pour lui,
« quoiqu'il m'en reste peu pour le genre
« humain. »

Le prince Eugène de Savoie peut, surtout à présent, servir de modèle. C'est pour
cela que j'ai cru pouvoir ici m'étendre sur
les rares qualités qui étaient réunies en lui.

Au nombre des étrangers qui ont acquis
une grande influence dans un pays étranger, compte aussi le cardinal Mazarin, qui
a joué un si grand rôle en France, et le cardinal Alberoni, qui, tout Italien qu'il était,
s'est maintenu comme premier ministre à
Madrid pendant cinq ans, malgré la fierté
inhérente au caractère des Espagnols.

Quelques souverains ont eu une grande
prédilection pour des étrangers : le roi Fré-

déric de Prusse accorda à Voltaire des distinctions qu'aucun autre écrivain n'avait obtenues. L'impératrice Catherine de Russie fit venir à Saint-Pétersbourg des étrangers marquants, et était en correspondance avec plusieurs auteurs français.

Il n'est pas difficile d'indiquer les origines du principe des nationalités.

Une action violente provoque presque toujours une réaction.

L'indépendance de la nation polonaise fut détruite par un partage qui répugnait à la magnanime impératrice Marie-Thérèse, et dont elle prévoyait les tristes conséquences.

Il faut dire que ce partage n'aurait pu avoir lieu si la plus grande désunion n'avait pas régné parmi les Polonais. Ils n'ont fait les plus grands efforts pour recouvrer leur indépendance, et n'ont eu un sentiment national très-vivace qu'après avoir perdu leur patrie.

Ils se sont bien vengés toutefois du mépris qu'on avait montré pour leur nationalité : ils ont partout saisi l'occasion de mettre en avant et de faire prévaloir le principe des nationalités, et ils ont trempé dans bien des révolutions avec l'espoir d'en voir sortir triomphant ce principe dont l'application générale devait amener le rétablissement de la Pologne.

La Révolution française a contribué d'une façon indirecte à introduire le principe des nationalités. En détruisant tous les droits historiques, elle a préparé la voie à l'empereur Napoléon Ier, et l'a autorisé à ne respecter aucune nationalité, à imposer à tous les peuples subjugués les lois françaises et même à faire régner sur eux des princes français, lorsque cela entrait dans sa politique.

Il en résulta en Allemagne une forte réaction : elle fut préparée par Heeren, qui prit pour sujet d'une conférence publique la *Conservation de la nationalité des peuples vaincus*, par le baron de Stein, par C. M. Arndt, et par le philosophe Fichte, dont les discours adressés à la nation allemande firent une grande sensation.

Les paroles et les écrits excitèrent le sentiment national, et un soulèvement général eut lieu aussitôt que les circonstances le permirent.

Quel changement produit en peu de temps! L'Allemagne, qui encore au dix-huitième siècle se réglait sous bien des rapports sur la France, et qui aimait à cultiver la langue française et à mêler même des locutions françaises à sa langue maternelle; l'Allemagne prit le contre-pied de la France et rompit le charme sous lequel elle s'était trouvée pendant des siècles.

Depuis lors, les patriotes allemands ont toujours pu, avec succès, avoir recours au souvenir de la levée de boucliers contre Napoléon Ier, lorsqu'il s'est agi de faire vibrer la fibre nationale.

Mais c'est au Congrès de Vienne que le principe des nationalités reçut une sanction qui n'était guère à prévoir.

L'article premier de l'acte final de ce congrès assura « des institutions nationales » aux Polonais sujets de la Russie, de l'Autriche et de la Prusse.

Les puissances qui aidèrent les Grecs à secouer le joug imposé par la Turquie et à former un État national, donnèrent une nouvelle sanction au principe des nationalités. Mais lorsqu'il s'est agi pour les Grecs d'avoir un roi, on a fait abstraction de ce principe, duquel, d'ailleurs, on n'avait pas tenu compte non plus, lorsqu'un maréchal de France monta sur le trône de Suède. Plus tard, les Belges ont aussi complétement ignoré ce principe, quand ils ont salué avec enthousiasme comme roi un prince de la maison de Saxe-Cobourg.

D'une manière toute différente de celle de Napoléon Ier, l'empereur Napoléon III contribua à donner de la consistance au principe des nationalités.

Napoléon Ier a agi en faveur de ce principe en amenant les peuples subjugués par lui à puiser une grande force dans le sentiment national pour s'affranchir; Napoléon III, en se proclamant le protecteur des Italiens et en favorisant les aspirations nationales des Polonais, autant que les circonstances le permettaient. L'unification de l'Italie, dont les phases sont trop connues pour être rappelées ici, lui est due en grande partie.

M. Ruediger a eu bien raison de dire que le principe des nationalités s'est manifesté sous des formes différentes après que la légitimité eut cessé d'être respectée.

Pour pouvoir se rendre compte de la portée du principe des nationalités, il faut connaître les avantages et les inconvénients de l'intensité du sentiment national.

Il faut distinguer le patriotisme d'avec le sentiment national. Les Hongrois, qui acclamèrent avec enthousiasme l'impératice Marie-Thérèse, et qui se déclarèrent prêts à répandre leur sang pour soutenir son trône, étaient animés d'un beau patriotisme.

Théodore Kœrner, qui, bien que sujet du roi de Saxe, allié de Napoléon Ier, échangea la lyre contre l'épée pour combattre les Français, était surtout animé du vrai esprit national.

L'histoire nous fait voir que beaucoup de nobles élans et d'actions héroïques ont été dus à l'intensité du sentiment national.

Ce sentiment fortifie le caractère des individus, les aide à dominer leurs tendances trop personnelles et leur égoïsme, et contribue à nourrir la fidélité.

Il peut ajouter beaucoup à la dignité de l'homme.

Il fait remonter au passé, qui recèle parfois de véritables trésors et qu'il faut bien connaître, pour pouvoir accomplir la tâche qu'impose le présent et que réserve l'avenir.

La vivacité du sentiment national a contribué à donner des impulsions heureuses aux hommes de lettres, et à les porter à publier et à commenter des poëmes nationaux et d'autres œuvres tombées en oubli.

Cette vivacité a aussi fait faire des découvertes précieuses dans le domaine des beaux-arts, et a beaucoup contribué à faire songer à la conservation d'anciens monuments qui menaçaient ruine.

Le culte du passé élève l'âme et est surtout précieux dans un siècle où tout ce qui est nouveau a du charme pour beaucoup de personnes.

Il paraît y avoir quelque chose de providentiel dans ce fait que le sentiment national est devenu si vif dans le temps présent, où la grande facilité de communications et la propagande intellectuelle que font les journaux, et beaucoup d'autres publications plus ou moins volumineuses, dans certaines questions d'un intérêt général, auraient pu produire une assimilation et un nivellement désavantageux.

Mais il faut en même temps se dire que les exagérations de l'esprit national sont contraires à l'épanouissement de l'humanité. Il s'agit de trouver la juste mesure. Pour beaucoup d'hommes, la nationalité est devenue la patrie; ils sont toutefois loin de faire ce qu'a recommandé un grand évêque en disant : « Il faut que nous « aimions l'humanité plus que la patrie, et « notre patrie plus que notre famille. »

De nos jours, une des questions les plus
intéressantes et les plus importantes est
celle de savoir jusqu'à quel point on peut
renforcer le caractère national sans perdre
de cette élévation de sentiments qui tient
au culte des idées sublimes communes aux
hommes les plus distingués de tous les pays.

En s'appliquant trop à cultiver les qualités nationales, on augmente non-seulement
les défauts inhérents à ces qualités, mais
on trouble encore l'harmonie résultant de

ce qu'aucune qualité n'a une trop grande prépondérance, et l'on se rend en tout cas moins capable de se mettre au niveau de ce qu'il y a de plus élevé pour l'humanité entière. Le chauvinisme national peut faire tort au véritable idéalisme.

Tous nos sentiments sont menacés de dégénérer en passions, et il est des époques où les peuples ont une grande tendance à se passionner.

Malheureusement, on peut dire cela de notre siècle.

On confond souvent la passion avec l'élévation des sentiments. La passion est l'électricité de l'âme; elle a, quant au moral et à l'intelligence, les inconvénients que l'électricité peut avoir au physique.

On se passionne aujourd'hui en Europe pour les nationalités, tandis qu'aux États-

Unis d'Amérique les immigrants qui viennent d'arriver oublient aussitôt leur nationalité pour être Américains de nom et d'âme. L'exagération de l'esprit national va parfois si loin en Europe qu'on finit par oublier la patrie ou du moins ses vrais intérêts.

Le sentiment national trop excité a des conséquences fâcheuses quant au moral et quant à l'intelligence. Il est souvent cause qu'on cesse d'être bienveillant pour les étrangers et qu'on se borne à n'avoir de la sympathie que pour ses compatriotes.

Parfois, il engendre même une véritable haine et un profond mépris pour les étrangers. Je crois devoir mentionner ici ce que M. Lazarus a dit à cet égard : « La théorie « du sang et des races provient d'un maté- « rialisme grossier et sensuel dans la

« manière d'envisager le monde et la vie.

« Ceux qui tiennent à faire revivre l'idéa-
« lisme montrent un dangereux manque
« d'intelligence s'ils ne comprennent pas
« qu'il faut combattre le matérialisme sur
« toute la ligne, et lui substituer une
« manière plus élevée et plus pure d'envi-
« sager la vie. Qui, d'une part, admet par
« animosité ou par irréflexion que le carac-
« tère moral et la culture des différentes
« races et souches dépendent du sang et des
« qualités qui en proviennent, ne peut pas
« s'attendre que, d'autre part, on recon-
« naisse et déploie dans la vie la puissance
« victorieuse des idées, la force efficace de
« l'intelligence et les facultés du cœur. Ce
« matérialisme a pour conséquence, et
« engendre aussi parfois une aversion très-
« basse et très-vulgaire parmi es hommes,

« et une haine mutuelle parmi les races et
« les souches. Cette haine est la plus basse et
« la plus vulgaire parce qu’elle est bestiale,
« entièrement analogue à celle qui existe
« entre les différentes espèces d’animaux
« seulement à cause de leur diversité.
« Les chiens et les chats eux-mêmes, s’ils
« sont élevés ensemble dans une maison
« paisible, apprennent à vivre d’accord;
« mais l’homme dans lequel le sentiment
« de l’humanité n’est pas encore éclos, ou
« a été étouffé, considère tout homme qui
« est différent de lui par la race comme un
« adversaire, même si celui-ci n’est pas
« agressif et ne porte aucune atteinte à ses
« droits.

« Le sang est peu de chose, l’esprit et le
« développement historique sont de la plus
« grande importance lorsqu’il s’agit de la

« valeûr et de la dignité d'un homme tout
« seul ou d'une race entière. »

Les nations qui sont fières de leur origine et de leur ancienne civilisation finissent
parfois par ressembler aux familles qui,
ayant une longue série d'illustres ancêtres,
se croient dispensées de se distinguer.

L'histoire nous apprend que les nations
présomptueuses doivent passer encore par
l'école de l'adversité.

« La prévention du pays, jointe à l'orgueil
« de la nation, nous fait oublier que la raison
« est de tous les climats, et que l'on pense
« juste partout où il y a des hommes. » (LA
BRUYÈRE.)

L'orgueil national peut, comme tout autre
orgueil, attirer des humiliations ; et, poussé
fort loin, il peut même contribuer à faire
perdre l'indépendance nationale. La nation

qui se croit la première du monde est déjà arrivée au commencement de sa décadence. Sa présomption ne lui permet plus de voir ses défauts.

Le manque de modestie et de modération est aussi une source des plus fécondes de difficultés.

Le sentiment national surexcité rend encore injuste et ingrat, et engendre cet égoïsme qui fait oublier qu'il est une harmonie des grands intérêts de l'humanité qu'on ne peut troubler impunément.

« Le principe des nationalités est la
« plus haute expression de l'égoïsme mo-
« derne. » (U.)

De nos jours, l'égoïsme des nations a grossi comme l'égoïsme des individus.

Plus le sentiment national d'un peuple se développe, plus ce peuple exige qu'on ait des égards pour lui. Il devient ainsi pointilleux, irascible au détriment de sa dignité.

Par l'exaltation de l'esprit national, les guerres deviennent ignoblement acharnées. On ne se borne plus à combattre l'ennemi, on s'attaque à son caractère national, tandis que la noblesse de sentiments commanderait de rendre justice aux beaux côtés du caractère national des ennemis tout en les combattant avec énergie.

Dans les prétentions et les appréhensions de l'esprit national il y a parfois beaucoup de faiblesse. On est autorisé à dire avec Camoëns que « *toda a terra he patria para o forte.* »

Que, « pour l'homme fort, la patrie, c'est toute la terre ».

L'excitation qu'engendre la très-grande vivacité du sentiment national diminue la

force dont a besoin toute nation pour dominer certains penchants qui tiennent à la
nature humaine.

Cette surexcitation a non-seulement de
grands inconvénients quant au moral, mais
« elle rétrécit encore l'esprit. On admire tout
« ce qu'il y a eu et tout ce qui se trouve
« encore de bon et de beau dans son pays,
« et on n'a pas d'admiration pour ce qu'il
« peut y avoir de beau et de bon dans les
« autres pays. Au lieu de se placer sur une
« montagne, on se place sur une colline
« d'où l'on ne voit que ce qui l'entoure. »
(A. C. M.)

L'exagération de l'esprit national produit aussi une monotonie défavorable au
développement de la culture. « La vraie
« culture consiste dans la variété. » (Lazarus.)

Le chauvinisme national fait également naître des préjugés que ni la culture ni le commerce ne parviennent à détruire, et les préjugés les plus à craindre ne sont pas ceux qui font qu'on ignore certaines choses, mais bien ceux qui font qu'on s'ignore soi-même.

L'engouement national produit encore un exclusivisme qui fait rejeter les bonnes choses quand elles sont d'origine étrangère.

Plus que jamais il faudrait maintenant adopter un vrai éclectisme qui fît accepter ce qui est vrai et bon sans se demander d'où cela vient.

Ceux qui se plaisent à exagérer l'esprit national devraient se dire que, chez les hommes les mieux élevés d'un pays, la nationalité perce en général beaucoup moins que chez ceux qui ont reçu une éducation moins soignée.

Ce qui caractérise les grands hommes,
c'est que leur patriotisme et leur esprit national n'ont rien d'étroit et ne les empêchent
pas de reconnaître ce qu'il y a d'excellent
et d'élevé dans les pays étrangers.

Le nationalisme produit souvent un chauvinisme qui va jusqu'à empêcher d'apprendre des langues étrangères dont l'utilité avait été reconnue. On se prive ainsi d'un moyen de cultiver son intelligence et d'approfondir le génie de sa langue maternelle, car ce qui y aide beaucoup , ce sont les comparaisons qu'on est amené à faire quand on apprend une langue étrangère.

« Il faut savoir une langue étrangère

« pour pouvoir connaître scientifiquement
« sa langue maternelle; mais une langue
« étrangère est aussi suffisante. » (Jean-Paul
RICHTER.) Surtout si c'est la langue de l'une
des nations les plus civilisées.

La plupart des hommes éminents ont
possédé plusieurs langues, soit anciennes,
soit modernes. Il en est même qui ont fait
des vers dans une langue étrangère.

Des vers français du roi Frédéric le
Grand ont obtenu les suffrages de Voltaire,
ce qui est d'autant plus méritoire que le
génie de la langue allemande est fort opposé
à celui de l'idiome français.

Une difficulté analogue n'a pas empêché
le comte Étienne Széchényi, homme des
plus distingués par son patriotisme ardent,
ses nombreux talents et ses belles qualités,
de faire des vers allemands, dont quelques-

uns, inspirés par un coucher de soleil, ont été traduits en français.

En prose, des étrangers ont souvent écrit aussi bien que l'élite des auteurs nationaux. Sans avoir besoin de remonter au passé, il suffira de citer les essais sur Wellington, Shakespeare, Dante, Tacite, etc., écrits en allemand par le comte Antoine Szécsen.

Même dans les idiomes des nations et des races peu civilisées, il y a de véritables révélations de la nature humaine, qui sont précieuses pour le moraliste. Il y en a jusque dans les patois, dans lesquels prédomine un laisser-aller révélant le caractère. On peut dire que celui qui apprend une langue étrangère parvient à connaître une âme.

Charles-Quint a dit : « Autant de langues « on parle, autant de fois on est homme. »

Parfois il y a à cet égard des exagérations

dues en partie à la vanité. Ainsi, on veut rendre ses enfants polyglottes. Mais « l'on « ne peut guère charger l'enfance de la « connaissance de trop de langues ». (La Bruyère.) Il arrive qu'ayant appris trop de langues, on n'en possède bien aucune.

La langue maternelle est chère à tous; on aime à s'en servir. Il est si doux d'être en famille et de s'entendre à demi-mot; mais lorsqu'on sort de sa contrée, on sent le besoin de se faire comprendre de ceux avec qui l'on se trouve en contact.

Une grande animosité politique et nationale empêche parfois d'apprendre une langue étrangère. En France, on a eu toutefois, après 1870, le bon esprit de prescrire l'enseignement de la langue allemande dans l'intérêt du pays.

Le principe des nationalités a trop agité et

trop excité les esprits pour qu'on parvienne à traiter avec calme les questions qui se rattachent à ce principe. Mais avec le temps, on finira par comprendre qu'on ne perd rien de son caractère national en apprenant une langue étrangère. On conserve même son caractère national lorsqu'on est né et élevé dans un pays différant de la patrie par la langue et le caractère, et l'on peut aussi par là acquérir une supériorité sur ses compatriotes, étant, pour ainsi dire, initié à l'esprit de deux nations. Le poëte Lenau naquit en Hongrie de parents allemands et y fut aussi élevé. Dans ses poésies, on est parfois frappé d'un souffle de l'esprit magyar, qui ne les rend pas moins allemandes et qui leur donne un charme particulier.

Ce n'est heureusement pas partout que le sentiment national surexcité a soulevé la question de l'idiome. En Espagne, les Basques s'entendent fort bien avec les Espagnols, et ils ne contestent pas l'ascendant acquis tout naturellement par la langue espagnole.

En Suisse, il y a trois nationalités différentes qui vivent en paix, et aucune langue n'y a voulu gagner une prédominance, tandis que dans d'autres pays il y a une rivalité de langues.

Il arrive même que des idiomes, si pauvres qu'ils doivent inventer les termes que rend nécessaires le progrès des sciences, veulent rivaliser avec des idiomes d'une richesse incontestable, due au grand développement produit par leur long emploi dans un pays assez étendu et très-civilisé.

« Toute langue peut, en rivalisant avec
« d'autres langues, ne prétendre qu'à ce

« qu'elle a acquis par sa puissance spiri-
« tuelle; aucune loi ne peut rien changer à
« cette réalité, qui s'impose avec une force
« invincible. » (GUMPLOWICZ.)

La langue ne peut pas être considérée
comme le signe caractéristique de la nationalité, mais elle est de la plus grande importance lorsqu'il s'agit de propagande nationale, surtout à l'égard de ceux qui ne sont
pas heureusement doués. Leur faire apprendre une langue, c'est leur donner une nationalité. C'est pour cela que la question des idiomes peut produire une si grande agitation.

Voltaire a dit : « Notre langue et nos
« belles-lettres ont fait plus de conquêtes
« que Charlemagne. »

Il est des questions que les hommes sen-
sés de tous les pays ne peuvent résoudre
que de la même manière.

Du nombre de ces questions paraît être celle qui suit :

Tous ceux qui considèrent comme fort naturel que, dans l'intérêt de la culture intellectuelle, on exige l'enseignement du latin et du grec, et que personne ne puisse être promu au doctorat sans savoir le latin, peuvent-ils être étonnés que le gouvernement d'un État composé de différentes nationalités exige que tous ceux qui aspirent à le servir sachent bien la langue officielle, et que tous ceux qui ont recours au gouvernement exposent leurs demandes dans cette langue?

En général, c'est le bon sens qui doit se charger de résoudre les questions les plus importantes auxquelles les hommes les plus habiles et les plus spirituels se croient appelés à donner une solution.

On ne pourra guère s'empêcher de partager le désir que le prince de Metternich exprimait lorsqu'il disait à un diplomate : « Dans notre siècle, tant d'hommes aspi- « rent à avoir du génie; s'ils voulaient seu- « lement se borner à avoir du bon sens! »

Mais on peut dire aussi que ces hommes négligent de prendre le chemin qui peut conduire au génie; car, lorsque le bon sens est poussé très-loin, il finit par aboutir au génie, surtout quand il est uni à une grande énergie. On pourrait en citer des exemples frappants.

Le principe des nationalités a, pendant les trente dernières années, été le grand moteur en Europe et la cause de nombreux bouleversements.

« On a abusé du principe des nationa-
« lités, surtout en confondant la nationalité
« avec la race. Existe-t-il en Europe un seul
« État qui soit absolument homogène sous
« le rapport de la race? C'est que les États
« européens ne se sont pas formés exclu-
« sivement d'après le principe de l'unité

« ethnologique, par la raison toute simple
« que toutes les races n'étaient pas égale-
« ment aptes à se constituer en États ou à
« se maintenir comme États. Généralement,
« ils se sont constitués suivant les nécessités
« militaires ou économiques créées par la
« situation géographique. L'union de plu-
« sieurs races a produit la nationalité poli-
« tique, ou l'État. Sur quelques points, on
« a pu rectifier, modifier l'œuvre de l'his-
« toire; sur d'autres, en voulant tout délier,
« on a tout détruit. En exagérant le principe
« de la race, on décompose et on démolit;
« on produit la révolution en bas, le despo-
« tisme en haut; les guerres de conquêtes
« n'ont pas eu souvent d'autre cause. »
(M. D.)

Beaucoup de personnes commencent à
devenir défiantes et à s'inquiéter dès qu'on

invoque le principe des nationalités. C'est
que la nature humaine est portée à avoir
une excessive défiance pour tout ce dont
on a fait abus.

De nos jours, cette défiance paraît légitime, lorsqu'on voit que, de différents côtés,
on tend encore à faire abus du principe des
nationalités, et qu'on veut mettre son ambition et son avidité à couvert sous le pavillon
de ce principe.

Quelques écrivains se sont élevés avec
une énergie nourrie par l'indignation, contre
l'application du principe des nationalités.

M. Thiers a dit : « .....Principe des natio-
« nalités, principe des races..., pour moi,
« tout cela, c'est de la propagande, je l'ap-
« pelle par son nom, et la propagande n'a
« jamais réussi à personne. »

M. Thiers a aussi fait observer que ce

système qu'on appelle « des nationalités »
amène forcément celui des grandes agglo-
mérations, et que, dès qu'il est proclamé,
ou seulement indiqué, il alarme tous les
intérêts et cause une émotion générale.

Selon M. B. Becker, « la doctrine des
« nationalités est celle des hommes dans
« l'état de nature. Elle est insensée en tant
« que, faisant abstraction de la liaison des
« effets avec les causes, elle ferme les yeux
« sur l'état de choses créé par la civilisa-
« tion, elle méprise le développement dû
« aux événements historiques, substitue ce
« qui est purement physique aux conquêtes
« de l'esprit humain, et suppose un état de
« nature là où, de temps immémorial et
« préhistorique, il y avait un état artificiel. »

Les révolutionnaires et les ambitieux ont
arboré le drapeau de l'unité nationale, et

bien souvent de vrais patriotes ont été leurs dupes.

Ceux qui croient que l'esprit démagogique triomphe partout invoquent le principe des nationalités aussi bien que les réactionnaires.

Il y a des personnes qui inclinent à penser que ce principe est plutôt favorable aux réactionnaires qu'aux démocrates, bien qu'il favorise souvent les révolutions. « Depuis qu'il y a des chemins de « fer et des télégraphes, et que ni les lan- « gues, ni les rivières, ni les mers ne « séparent les peuples, l'esprit national et « démocratique est devenu un des expé- « dients auxquels ont recours les réaction- « naires, et que seulement les hommes « arriérés peuvent considérer comme dé- « magogique et révolutionnaire. La propa-

« gande nationale ne sert maintenant qu'à
« entraver, à élever des murs de séparation
« et à faire rétrograder. » (B. BECKER.)

Quant aux démocrates socialistes, il est devenu évident qu'ils ne font pas seulement abstraction du principe des nationalités, mais qu'ils sont encore les adversaires de ce principe et qu'ils le combattent, en proclamant que les prolétaires de tous les pays ont le même intérêt vis-à-vis des propriétaires.

Dans quelques pays de l'Europe, il y a
des hommes qui se sont donné la mission
de faire de la propagande nationale, parfois
même malgré le gouvernement et contrairement au sentiment de la grande majorité
de leurs compatriotes. Cela ne doit pas
étonner, le drapeau de l'unité nationale
ayant été souvent arboré par des minorités.

Parmi ces *francs tireurs nationaux*, il
y en a qui manient très-bien la plume,
d'autres ont fait leurs preuves le sabre à la

main. En général, le sentiment, faisant parfois abstraction de la morale, prédomine chez eux sur la raison. Ils ignorent l'histoire quand elle est contraire aux désirs que leur inspire leur chauvinisme; mais quoiqu'ils refusent le plus souvent de reconnaître les résultats des développements historiques, ils savent bien invoquer l'histoire quand elle paraît leur fournir quelque fondement pour soutenir leurs aspirations. Ils la dénaturent aussi parfois complétement, en imaginant un état de choses qui n'a jamais existé, mais qui est conforme aux revendications qu'ils osent faire en proclamant le principe des nationalités.

Ils agissent contrairement, je ne dirai pas seulement à l'équité et à la charité chrétienne, mais encore au bon sens et à l'humanité. Ils oublient tout et se croient tout

permis lorsqu'il s'agit de l'application du
principe des nationalités.

Ils n'ont aucun respect pour ce que le
temps a créé. Mais le temps se venge
souvent de ceux qui ne respectent pas son
œuvre et détruit vite ce qu'ils créent. Parfois même ils vont si loin que l'on ne peut
plus les prendre au sérieux.

Opposons-leur ici quelques réflexions :

« L'État est le produit de l'intelligence
« humaine; son existence est due à ce qu'on
« a agi et continue d'agir avec connaissance
« de cause et avec un esprit réfléchi. A
« l'exception du peuple juif, il n'y a jamais
« eu de nation appelée naturellement à
« former un État, et les États purement
« nationaux ne sont que le produit de l'ima-
« gination. » (B. Becker.)

Si la nationalité devenait la seule base de

la formation d'un État, il n'y aurait plus de frontières durables. Dans les districts mixtes où deux races sont mêlées, il faudrait établir un bureau de statistique afin de pouvoir, avec pleine assurance, modifier le tracé de la frontière d'après les décès et les naissances par suite desquels tantôt une race, tantôt l'autre pourrait être mise en majorité ou en minorité.

Même en faisant les plus grands efforts pour appliquer partout le principe des nationalités, on ne pourra pas empêcher que, dans certains pays, deux ou même plusieurs races ne continuent à se trouver entre-mêlées, et que d'autres pays qui, comme le Piémont, sont placés entre deux grandes nations, ne présentent, pour ainsi dire, une fusion des caractères de ces deux nations, fusion d'ailleurs très-avantageuse. Peu de

contrées ont produit autant d'hommes distingués que le Piémont.

Moins on est civilisé, plus on a d'aversion contre les étrangers. Les sauvages vont
parfois jusqu'à tuer les étrangers qui s'aven-
turent chez eux.

« Au lieu d'agiter le monde par la recon-
« stitution de nations, en invoquant l'iden-
« tité de race ou les soi-disant frontières
« naturelles, et de produire inévitablement
« par cette agitation une perturbation per-
« pétuelle, il faudrait travailler partout à
« rétablir l'autonomie de tous les groupes
« qui la possédaient autrefois, en les lais-
« sant unis à leurs centres actuels pour
« défendre et sauvegarder leurs intérêts
« communs. » (F. Pi y Margall.)

La variété anime et vivifie; elle aiguise
l'esprit, en lui offrant l'occasion de faire des

comparaisons. Ceux qui voudraient faire absorber les divers groupes nationaux par les grandes nations homogènes, devraient se dire qu'il en résulterait une triste monotonie.

Quand les populations de même race sont placées sous différents gouvernements, elles parviennent plus facilement à conserver les nuances qui les caractérisent d'une façon favorable, que lorsqu'elles sont réunies toutes sous le même gouvernement.

Si des individus croient avoir la mission d'appliquer le principe des nationalités, des races et des nations peuvent bien, à plus forte raison, se considérer comme autorisées à se charger de cette mission.

« Il s'est fait, du reste, en ces derniers « temps, une fâcheuse confusion entre ces « mots de race et de nation. La différence de « ces deux idées et du fait historique qu'elles « expriment est si grande, qu'on peut affir- « mer sans témérité que nulle part, à aucune

« époque de l'histoire, ces deux termes n'ont
« été identiques. En aucun lieu et en aucun
« temps on n'a vu une race unique former
« une seule nation, ni une nation, par con-
« séquent, qui, au moment de son déve-
« loppement complet, ne fût composée de
« plusieurs races le plus souvent réunies
« par la conquête. Il n'y a qu'un petit
« nombre de races qui aient réussi à s'isoler
« dans quelque presqu'île étroite et retirée,
« ou dans des gorges profondes de monta-
« gnes, comme les populations de la Cor-
« nouailles, de l'Armorique; comme les
« Basques, les Druses, les Kurdes, et, pour
« rappeler des souvenirs plus récents, les
« Monténégrins, les Mirdites, etc. Il ne
« faut donc pas équivoquer sur les mots.
« Quelque rapport qui puisse exister entre
« le sens abstrait de ces deux termes, il

« n'en est pas moins vrai que celui de race
« désigne la filiation d'une tribu ou d'un
« peuple issu d'une commune origine, qu'il
« implique l'idée d'un élément simple, indé-
« composable, au moins avec les moyens
« actuels de l'analyse historique, tandis que
« le mot de nation s'entend communément
« d'une société politique formant un tout
« distinct, un ensemble d'éléments que le
« temps a rapprochés et amalgamés.

« Aussitôt qu'on s'éloigne du berceau des
« peuples, et qu'on passe de l'état nomade
« et de la société primitive à l'organisation
« politique, on voit les races sortir peu à
« peu de leur isolement originel, se mêler,
« se pénétrer l'une l'autre, et finalement se
« confondre pour former un corps de nation.
« Presque toujours l'histoire du développe-
« ment des grands États, celle des empires

« qui ont successivement dominé, n'est que
« l'histoire du rapprochement libre ou vio-
« lent de différentes races. L'antiquité en
« fournirait autant de preuves que les temps
« modernes, avec cette différence que le
« mélange était moins complet et moins
« intime dans les sociétés anciennes, tant à
« cause des idées de conquête, de castes,
« d'esclavage, et de la distinction absolue du
« citoyen et du barbare, qu'en raison même
« de la jeunesse du monde et des souvenirs
« encore persistants d'une grande diversité
« d'origine. Cette union mal assurée dans
« le monde ancien n'est devenue plus étroite
« avec le progrès du temps que par l'action
« combinée du principe de centralisation et
« de l'attraction qui sollicite les uns vers les
« autres les États enfermés dans les mêmes
« frontières, et disposés pour ainsi dire

« en groupes naturels. Mais précisément
« ce travail d'assemblage d'où sont sorties
« les grandes nations modernes ne s'est
« accompli qu'aux dépens de la distinction
« primitive des races. Telle nationalité d'un
« caractère nettement tranché, celle de la
« France, par exemple, celle de l'Angleterre,
« ne s'est formée que par la réunion lente
« et pénible, souvent même inique et cruelle,
« de races rivales ou ennemies, dont cha-
« cune avait conservé le sentiment très-vif
« de son individualité. Autre chose est donc
« l'idée de race, et autre chose celle de
« nationalité. Il y a une nation française,
« mais il n'y a pas de race française.
« Que pouvait signifier la race autrichienne?
« L'expression même de nation appliquée
« à l'Autriche ne peut s'entendre que dans
« le sens général d'État ou d'empire, parce

« que les parties qui la composent sont
« plutôt juxtaposées qu'unies et confon-
« dues. . . . .
« . . . . .Quand cette monarchie a com-
« mencé à rassembler les différents peuples
« qui vivent sous ses lois, les autres États
« modernes étaient déjà arrivés à une com-
« binaison complète de leurs éléments, et,
« d'autre part, elle a eu affaire à des natio-
« nalités compactes et importantes, telles
« que la Hongrie, les Slaves et l'Italie.

« On voit sans peine, par les considé-
« rations qui précèdent, que le principe
« des races ne saurait avoir rien de com-
« mun avec le droit public international, et
« qu'en l'appliquant dans la composition des
« États, on arriverait à ce double résultat :
« tantôt de créer des nationalités plus com-
« pactes par la réunion de plusieurs races

« distinctes en un seul corps politique, tantôt

« de désagréger, d’émietter, pour ainsi dire,

« de puissants et vastes empires, œuvre

« patiente et laborieux des temps, produit

« compliqué des volontés humaines. On

« pourra augmenter ainsi ou diminuer,

« selon les différents cas, le nombre des

« États indépendants et disposés, par cette

« indépendance même, à entrer en conflit

« les uns avec les autres; mais ce serait là

« tout, et la question du centre d’harmonie

« ne sera point résolue. Autrement dit, on

« n’aura donné au droit international aucun

« principe fixe qui puisse remplacer cet équi-

« libre des forces imaginé en vue du main-

« tien de la paix et des bonnes relations entre

« les États, et qui lui-même a été convaincu

« d’impuissance. » (Ernest Dottain.)

De nos jours, quelques races aspirent à

se réunir à des races homogènes pour former avec elles une nation. D'autres races voudraient, à elles seules, devenir une nation. Elles semblent ignorer les difficultés qui s'y opposent. Elles oublient, entre autres choses, qu'une nation a besoin d'une certaine richesse pour pouvoir exister.

« Les races qui veulent se détacher d'un « grand empire sont en opposition avec « l'esprit de notre siècle qui a une tendance « aux grandes unions. » (B. BECKER.)

Les races ont parfois tout autant et même plus d'illusions que les individus. Elles croient ne pas devoir subir des transformations en vieillissant, et elles se flattent de pouvoir se rajeunir et se fortifier en remontant au passé; mais elles sont soumises aux mêmes lois que les individus.

Elles aiment aussi à supposer que les

individus qui les composent ne diffèrent pas les uns des autres en ce qui est essentiel, et sont animés du même esprit, tandis que dans toute race il y a des individus qui, quant au moral et aux facultés intellectuelles, sont en opposition avec son véritable caractère. M. Bluntschli a, dans son livre intitulé : *la Politique comme science,* qui a eu beaucoup de succès en Allemagne, consacré un chapitre à l'opposition existante entre la race et l'individu.

Les races se font encore d'autres illusions.

« Quelques races ont cette illusion malheu-
« reuse qu'elles pourraient exister comme
« États indépendants, tandis que la solution
« de la question des nationalités ne consis-
« terait qu'en ce que les nations faibles

« soient partagées entre les plus fortes
« puissances. » (B. Becker.)

Si les races homogènes parvenaient à
former une nation, elles n'y auraient rien
gagné.

« Depuis longtemps, on a constaté que
« les nations dont le sang est le plus mêlé
« priment sur toutes les autres nations sous
« le rapport de l'intensité de la culture et
« de la richesse en hauts faits politiques. »
(Lazarus.)

Les hommes même le plus haut placés
se voient parfois astreints à une certaine
condescendance; mais les races se considèrent maintenant comme dispensées de
tous les égards qu'un homme civilisé doit
avoir pour les autres hommes.

L'esprit national nous menace d'une
véritable barbarie.

Les races qui sont sur le qui-vive quant à leur nationalité et que la crainte de la perdre rend parfois presque insensées, car telle peut malheureusement être l'effet de la peur, devraient porter leurs regards sur les Juifs, qui, dispersés dans le monde entier, n'ont, grâce à leur large base historique, à leurs grandes traditions et à leur attachement pour elles, rien perdu de leur caractère national. Il a été même tellement renforcé par l'oppression, que rien ne saurait le détruire, et qu'il s'affirme parfois malgré eux.

La nationalité subsiste même à défaut de territoire.

De nos jours, quelques races travaillent à rendre homogènes les individus qui leur appartiennent; elles devraient méditer sur cette observation qu'a faite M. Bluntschli, que c'est chez les races les moins cultivées qu'il y a le plus d'homogénéité, le caractère des individus n'étant pas développé chez elles. M. Bluntschli dit que la grande supériorité du genre humain sur le règne animal consiste en ce que, dans celui-ci, la race est de la plus grande importance, tandis que, chez les hommes, l'individualité se fait valoir en même temps.

M. Bluntschli fait aussi ressortir les grands inconvénients qu'aurait une politique suivie avec passion par une race et ne s'inspirant que du sentiment de race. Selon lui, elle engendrerait une présomption vaniteuse; considérant les étrangers comme inférieurs, elle aboutirait à une guerre de race désastreuse faite au mépris de l'humanité, et à un despotisme qui refuserait toute liberté aux individus.

Le génie d'une nation peut-être différent
de celui des individus qui la composent.
M. Alfred Fouillée va jusqu'à dire :

« Toute grande nation a son génie dis-
« tinct de l'esprit des individus ; c'est ce qui
« fait son unité et lui donne sa force. Que
« ce génie s'oublie lui-même et s'affaisse, la
« nation semble prête à se dissoudre ; qu'il
« se retrouve et se ranime, la nation tout à
« l'heure abattue se redresse et marche.
« Cette âme commune à chaque nation

« est, comme on sait, l'objet d'une science
« nouvelle que les Allemands appellent la
« psychologie des peuples. »

Lorsqu'il s'agit d'appliquer le principe
des nationalités, les nations se trouvent
toutefois presque toujours d'accord avec
les individus.

On peut dire que, de nos jours, à cause
d'une certaine affinité de sang, quelques
nations considèrent comme des *sous-natio-
nalités* d'autres nations dont l'indépendance a été ou est encore généralement
reconnue.

Elles voudraient pouvoir amener une
situation dans laquelle, comme dit Dante,
« *una gente impera, e l'altra langue* ».
(Une nation domine, et l'autre languit.)
Elles oublient que, de nos jours, tout
le monde est sur le qui-vive quant à la

nationalité, et que l'amour de la liberté est devenu général.

« Nulle nation ne veut obéir à une autre
« par la raison toute simple qu'aucune
« nation ne sait commander à une autre.
« Observez les peuples les plus sages et
« les mieux gouvernés chez eux, vous les
« verrez perdre absolument cette sagesse et
« ne ressembler plus à eux-mêmes lors-
« qu'il s'agira d'en gouverner d'autres. La
« rage de la domination étant innée dans
« l'homme, la rage de la faire sentir n'est
« peut-être pas moins naturelle : l'étranger
« qui vient commander chez une nation
« sujette au nom. d'une souveraineté loin-
« taine, au lieu de s'informer des idées
« nationales pour s'y conformer, ne semble
« trop souvent les étudier que pour les con-
« trarier ; il se croit plus maître, à mesure

« qu'il appuie plus rudement la main. Il
« prend la morgue pour la dignité, et
« semble croire cette dignité mieux attestée
« par l'indignation qu'il excite que par les
« bénédictions qu'il pourrait obtenir. »
(Joseph DE MAISTRE.)

Quelle est la nation qui pourrait dire
à une autre nation : « Je suis moralement
meilleure que vous, et vous devez me
prendre pour modèle de vertu »?

Quelques nations ayant eu de ces audaces
heureuses auxquelles tout cède, d'autres
nations sont tentées de les imiter. Mais
elles devraient, avant de se laisser imposer
par l'ambition une tâche aussi grande, con-
sulter leur passé. Ce sont surtout les nations
formées récemment, qui sont tenues à une
grande circonspection, ne pouvant pas se
régler sur un passé trop différent du présent.

Les nations deviennent, par leurs désirs immodérés, difficiles à gouverner. « Une « nation ne peut être gouvernée quand « elle ne se gouverne pas elle-même dans « l'intimité de ses pensées et de ses volon- « tés. » (LACORDAIRE.)

Le respect du droit n'empêche pas les nations de devenir plus puissantes; au contraire, il les y aide, et ce respect est nécessaire pour qu'une nation puisse se maintenir comme telle et pour qu'elle ne descende pas au niveau d'une simple race.

Je crois devoir rappeler ici ce que le comte de Ficquelmont dit à ce sujet dans son ouvrage intitulé : *Lord Palmerston, l'Angleterre et le Continent*, livre si remarquable qu'il a été fort apprécié partout et souvent cité dans d'autres ouvrages :

« Des lois matérielles, qui sont celles de
« la nature, suffisent à la conservation
« d'une race; il faut des lois morales pour
« la formation comme pour la conserva-
« tion d'un peuple constitué en corps poli-
« tique; et croit-on que la vie d'un corps
« politique soit possible quand les condi-
« tions qui doivent le conserver n'existent
« plus? Suffit-il qu'un peuple dise : Je ne
« veux pas mourir, pour qu'il puisse con-
« tinuer à vivre? A ce compte-là, jamais
« un peuple ne périrait, car jamais aucun
« peuple n'a voulu périr. Tous seraient
« grands et forts, car tous voudraient l'être.
« Mais la vie d'aujourd'hui est modifiée
« par celle d'hier. Le passé, hors de la
« puissance des hommes, commande irré-
« missiblement au présent et à l'avenir.
« Vous qui voulez de l'avenir, pensez donc

« à faire votre passé; c'est-à-dire, usez de
« votre présent avec prévoyance, modéra-
« tion, sagesse et justice; car une fois le
« temps hors de votre puissance, les regrets
« sont inutiles; les lois morales seules sub-
« sistent; elles vengent dans vos descen-
« dants le mal que vous avez fait à vos
« contemporains. Nul peuple n'a encore
« échappé à cette justice. Moïse a dit que
« les fautes des pères seraient punies dans
« les enfants jusqu'à la quatrième généra-
« tion. Il faisait alors une loi de mœurs.
« Appliquez ce principe aux destinées des
« peuples, et qu'il devienne une loi poli-
« tique. Ne vous livrez pas avec tant de
« confiance à vos ébats révolutionnaires :
« c'est un plaisir de débauche; il conduit
« avant le temps à la vieillesse, et la pré-
« pare pleine de regrets.

« Voyez cet homme couché sur un lit
« de douleurs, consumé par un feu qui
« lui dévore les entrailles, la tête pleine de
« pensées, le cœur plein d'émotions; ses
« pensées sont nobles, ses émotions, géné-
« reuses et naturelles. « Faut-il donc quitter
« cette terre que j'aime tant? » s'écrie-t-il.
« Faut-il me séparer de tous les objets de
« mon amour et de mes affections? Faut-il,
« si jeune encore et si riche, renoncer à la
« vie? » Et les amis silencieux le plaignent
« et ne peuvent lui porter secours; il meurt
« victime de l'intempérance de ses pas-
« sions, du désordre matériel de sa vie;
« l'individu disparaît pour ne plus revenir;
« tout est fini pour lui sur cette terre.

« Mais un peuple qui perd aussi l'exis-
« tence par l'intempérance de ses passions
« redevient race; il rentre dans cette situa-

« tion primitive qui avait précédé sa vie
« de peuple; il faut qu'il se soumette à un
« travail de renaissance sociale, travail de
« nature toujours lente. Croirait-on que
« l'État qui a péri par le désordre pût
« trouver les conditions de sa renaissance
« dans un plus grand désordre? L'insur-
« rection peut donner un autre chef, peut-
« être même une autre forme à l'État, mais
« elle est inhabile à en fonder un. Et si
« l'insurrection ne le peut pas, la conspi-
« ration le pourra-t-elle? Suffirait-il à
« pareille entreprise de changer une épée
« que l'histoire avait ennoblie contre un
« poignard? La raison seule, sans autre
« secours que celui de sa propre volonté,
« voudrait-elle entreprendre de reconstruire
« un État par un coup de main? La machine
« la plus compliquée du monde moral pour-

« rait-elle ainsi s'improviser? Voyez les
« peuples les plus avancés en civilisation ;
« gouverner vous paraît-il donc être chose
« si facile?

« On raisonne beaucoup sur la forma-
« tion des États ; on en recherche l'idée, le
« principe ; mais ce principe, on le cherche
« où il n'est pas. Les peuples existent ; nous
« les voyons tous, nous les nommons tous,
« nous savons leur histoire, nous comptons
« ceux qui n'existent plus. Il y a donc pour
« eux des conditions de vie et de mort ; il
« y a tous les modes d'existence qui se trou-
« vent placés entre la vie et la mort. Il y
« a des périodes de formation, de dévelop-
« pement, de jeunesse, de virilité, de force,
« de sagesse, de maladie, de dépérissement
« et de fin.

« L'État n'est, en effet, autre chose que

« le mode de l'existence morale d'un peu-
« ple. Cette existence morale peut être plus
« ou moins développée; elle peut suivre
« la ligne de la vérité et prospérer, ou
« suivre celle de l'erreur et cesser d'être.

« Ainsi, l'État est l'expression de la vie
« du peuple; il ne peut être autre chose
« que le produit de la culture de son intel-
« ligence.

« Le germe de l'État est, sans aucun
« doute, dans la nationalité; mais sem-
« blable à l'arbre, ce germe finit, en gran-
« dissant, par abriter et couvrir d'une
« ombre tutélaire le sol qui lui a donné
« naissance. Sans ce secours de l'État, la
« plus haute production du sol de la natio-
« nalité ne s'élève pas au-dessus de la
« tribu.

« Il y a donc pour les nations deux

« modes d'existence : l'un n'a pour base
« que le principe de la nationalité, c'est
« la vie primitive; la forêt vierge en est
« l'image. On y voit l'homme chasseur
« appliquer toute son intelligence à saisir
« la proie qui doit le nourrir.

« L'autre, c'est l'État civilisé; c'est celui
« du rapprochement des races. Le sol qu'ha-
« bite le peuple civilisé ressemble alors à un
« jardin où sont éloignées toutes les plantes
« parasites et dans lequel on voit les fleurs
« se doubler, s'embellir de couleurs plus
« vives, s'enrichir de parfums plus odo-
« rants; les fruits s'adoucir et grandir sous
« la main du jardinier. »

C'est une triste vérité que les nations
peuvent mourir comme les individus. On
prétend que l'accomplissement des vœux
inspirés par le sentiment national peut

hâter la fin de l'existence d'une nation. « Les États qui ne sont formés que par une « nation n'atteignent qu'un certain âge, et « se meurent ensuite. » (Lassaulx.)

Les nations approchent de leur décadence et de leur fin lorsque leur caractère commence à s'altérer essentiellement. On sait d'un homme qu'il ne vivra pas long-temps lorsque sa manière d'être est changée visiblement; mais nous voyons parfois des hommes qui, après avoir changé de physionomie, retrouvent l'expression qu'ils avaient eue, et l'histoire nous montre des nations régénérées par le christianisme, dont la force réparatrice est si grande.

Le moral doit soutenir les nations comme les individus. Les nations peuvent perdre leurs droits comme tout homme.

L'orgueil qui produit une espèce d'aveuglement et fait mépriser autrui compte parmi ce qu'une nation doit le plus redouter.

L'orgueil national n'est jamais légitime Aucune nation ne peut se vanter de ne devoir sa culture qu'à elle seule. « La plus « grande partie de ce qu'il y a de mieux « parmi ce dont notre époque si fière de sa « haute culture peut se vanter, provient des « legs que lui ont faits ces trois nations de « l'antiquité : les Juifs, les Grecs et les « Romains. » (RUEMELIN.)

Personne ne peut nier, en effet, que c'est aux apôtres, sortis de la nation juive, et à leurs successeurs, que beaucoup de pays sont redevables de leurs lumières.

La manière dont une nation juge des autres nations donne la mesure de son degré de civilisation. La nation qui est très-disposée à reconnaître et à louer tout ce qu'il y a de bon chez les autres nations, fait preuve d'une vraie supériorité; mais lorsqu'une nation qui autrefois était prodigue de ces louanges en devient avare, on peut dire qu'elle a baissé.

Si toutes les nations font bien d'agir avec modération et circonspection en tout ce qui se rattache au principe des nationalités, cette circonspection est encore plus nécessaire pour une nation quand les populations qui la forment sont placées sous différents climats et n'ont ni le même passé ni les mêmes souvenirs historiques. Si cette nation faisait valoir par trop sa nationalité vis-à-vis d'autres nations, elle risquerait de renforcer la divergence de sentiments produite naturellement par les différences existantes dans son sein, et d'affaiblir sa cohésion intérieure par une fermentation générale.

De nos jours, où le sentiment national est si vivace et où le principe des nationalités a gagné un si grand ascendant, on ne peut vivre en paix qu'en cultivant le vrai sentiment chrétien, qui commande de respecter tout droit et de ne pas faire aux autres ce qu'on ne voudrait pas qu'ils nous fissent. Le christianisme nous représente une union bien supérieure à celle que crée le lien de la nationalité. Il donne des vues larges :
« Un homme qui a des vues larges aura
« toujours souci du bien-être général, et ne
« s'occupera pas seulement de la prospérité
« de sa famille et de celle de la sphère étroite
« de sa patrie. Dans la nature de l'Évangile,
« s'il est bien compris, se trouve l'idée la
« plus large de rendre heureux tous les

« hommes, et c'est déjà pour cela qu'il
« mérite tout le respect. » (KANT.)

Ce sont aussi les véritables sentiments
chrétiens qui donnent la modération nécessaire pour faire de vrais progrès. Beaucoup
de ceux qui sont fiers de la civilisation européenne pourraient se dire avec M. Guizot :
« Nous avons une susceptibilité d'esprit,
« une exigence, une ambition illimitée dans
« la pensée, dans les désirs, dans le mou-
« vement de l'imagination; et quand nous
« en venons à la pratique de la vie, quand
« il faut prendre de la peine, faire des sacri-
« fices, des efforts pour atteindre le but,
« nos bras se lassent et tombent. Nous
« nous rebutons avec une facilité qui égale
« presque l'impatience avec laquelle nous
« désirons.

« Il faut prendre garde à ne pas nous

« laisser envahir par l'un ou l'autre de ces
« deux défauts.

« Accoutumons-nous à mesurer ce que
« nous pouvons légitimement avec nos
« forces, notre science, notre puissance,
« et ne prétendons à rien de plus qu'à ce
« qui se peut acquérir légitimement, jus-
« tement, régulièrement, en respectant les
« principes sur lesquels repose notre civili-
« sation même. »

Le sentiment national étant, dans notre siècle, très-vivace, on plaint les gouvernements des empires composés de plusieurs races; on paraît même inquiet sur leur avenir. Pour calmer ces inquiétudes, on devrait se rappeler ce mot de M. Thiers : « Si la condition de vivre, c'était de ne « contenir qu'une seule race, il n'y a « pas un État en Europe qui aurait le « droit de vivre aujourd'hui, car tous sont « composés de diverses races que le temps

« a fondues les unes dans les autres. »

Les uns conseillent à ces gouvernements d'amener une unification moyennant une forte centralisation; les autres disent qu'il faudrait donner à chaque race une très-grande autonomie et lui permettre, autant que possible, non-seulement de cultiver son idiome, mais encore de s'en servir dans l'administration provinciale. Lorsque quelqu'un reçoit des conseils opposés les uns aux autres, il fait presque toujours bien de ne les accueillir qu'avec beaucoup de réserve.

Parmi les difficultés que crée, de nos jours, le principe des nationalités, il y en a qui proviennent de la nature des personnes et des choses; il en est d'autres qui ne tiennent qu'aux circonstances et qu'on peut être sûr de pouvoir surmonter avec le temps.

On pense souvent que le gouvernement
d'un empire dans lequel il y a une grande
variété de races et de langues ne peut qu'être
faible; M. Fortunato Cavazzoni Pederzini
dit toutefois dans son ouvrage intitulé : *Studi
sopra le nazioni e sopra l'Italia* : « Il faut
« aussi admettre l'opinion diamétralement
« opposée qui ést attribuée au roi Étienne
« de Hongrie et à l'empereur Charles VI,
« c'est-à-dire qu'il ne peut y avoir un État
« vraiment solide et fort s'il ne comprend
« pas plusieurs races et plusieurs langues.
« En effet, la multiplicité de races et de lan-
« gues paraît fournir au souverain l'avan-
« tage d'une abondance proportionnelle
« d'organes et d'instruments de tout genre
« et de toute espèce pour pouvoir bien com-
« poser la machine gouvernementale, en y
« introduisant les contre-poids nécessaires

« au jeu des forces différentes et en modé-
« rant alternativement leur action.

« Un prince sage peut tirer parti des
« différentes dispositions des esprits, des
« vertus naturelles, des talents et aussi des
« dons matériels de tout genre que la Pro-
« vidence divine, dans ses desseins cachés,
« a distribués çà et là en mesure différente,
« et souvent seulement aux uns et non pas
« aux autres. Il peut ainsi écarter beaucoup
« de difficultés et bien aplanir le chemin
« qui conduit à l'accomplissement de la
« tâche si difficile de gouverner un État.

. . . .

« Si, dans les années 1848 et 1849, l'em-
« pire d'Autriche avait été composé seule-
« ment ou d'Italiens, ou de Bohêmes, ou de
« Hongrois, cette monarchie très-ancienne
« aurait touché à sa fin. »

Il est évident que l'administration devient plus facile quand il n'y a qu'une langue dans un grand pays; mais le gouvernement n'aura pas les avantages qu'offre une certaine variété et qui, dans la sphère intellectuelle et morale, sont analogues à ceux que donne le croisement des races quant au physique.

Les souverains, les hommes d'État et les généraux des empires composés de plusieurs races acquièrent une certaine facilité à entrer dans l'esprit de tout le monde et à bien déchiffrer le caractère de chaque personne, et aussi une véritable habileté à traiter chacun selon son tempérament. Cette facilité peut donner une certaine supériorité.

Un publiciste a dit : « On peut accorder « les mêmes droits aux différentes nationa-

« lités comme aux différentes religions, en
« donnant à chaque individu une grande
« liberté. »

Selon M. Gumplowicz, « l'État doit
« accorder à toutes les races leur libre
« développement tant qu'elles se tiennent
« dans les limites de la sphère que leur
« culture intellectuelle les autorise à occu-
« per ».

De nos jours, où il n'est guère possible
en politique de suivre tout à fait un principe, beaucoup de choses deviennent une
question de mesure, et il est bien difficile
de rencontrer dans un empire composé de
plusieurs races le juste milieu entre ce
qu'exige la raison d'État en fait de centralisation et ce que le gouvernement doit
accorder pour satisfaire les désirs légitimes
des différentes nationalités.

M. B. Becker fait aux hommes d'État
le reproche suivant : « Les hommes d'État
« n'apprécient et n'aiment le principe des
« nationalités que tant qu'ils peuvent en
« tirer parti dans l'intérêt de l'État. Aussi-
« tôt qu'il est contraire à la raison d'État,
« ils lui portent atteinte, le combattent et
« le rejettent. »

Si ce conflit se présente, les hommes
d'État ne sauraient guère faire autrement,
car la conservation de l'État doit, avant
tout, leur tenir à cœur.

Les gouvernements sont obligés d'agir
avec beaucoup de circonspection dans les
questions relatives à la nationalité. Le
prince de Metternich a dit que non-seulement la paix politique, mais encore la
paix sociale, tournent au rêve quand un
gouvernement se laisse conduire sur le

terrain des nationalités, qui est sans limites.

« Est-ce que le développement des « grandes nationalités historiques n'est pas « dû à ce que les gouvernements et les « États n'ont tenu aucun compte des diffé- « rentes races et des différentes langues? « Pourquoi l'État moderne agirait-il con- « trairement à ce que lui fait voir ce déve- « loppement naturel? » (GUMPLOWICZ.)

L'État moderne ne songera guère à vouloir imposer une nationalité; on ne peut rien forcer à cet égard. Il faut s'abstenir de tout ce qui pourrait froisser le sentiment national.

Lorsqu'il s'agit de choses importantes, il est nécessaire d'avoir une suite dans les idées dirigeantes et dans la manière de procéder. L'esprit de suite ne doit pas faire défaut aux gouvernements dans les questions touchant à un principe qui, de nos jours, produit parfois de si grandes agitations.

Dans ces questions, beaucoup dépend de la façon d'agir; il faut traiter chaque race selon son caractère et son tempérament. « Chaque peuple, comme chaque individu, « comprend le bonheur à sa manière. » (Türr.)

On ne peut guère se dissimuler que la situation des gouvernements vis-à-vis des races qui aspirent à un gouvernement national est difficile. Ces races se croient toujours entravées dans le développement de leur nationalité, bien que le gouvernement la respecte sous tous les rapports et soit très-doux. Si elles ne font pas de progrès et qu'elles aient des imperfections, elles en rendent responsable le gouvernement et ne l'attribuent jamais à elles-mêmes. A les entendre, tous leurs maux comme toutes leurs fautes viennent de ce qu'elles n'ont pas un gouvernement national.

Le gouvernement non national leur sert d'excuse pour tout, et elles croient se justifier en le blâmant hautement. En méditant toujours sur les progrès qu'elles pourraient faire sous un gouvernement national, elles finissent par ne pas avancer.

Tous les gouvernements bien inspirés ont compris que le développement des sentiments religieux, par lesquels on parvient à placer l'humanité et la charité au-dessus de la nationalité, est nécessaire pour apaiser les surexcitations qu'a produites la grande vivacité du sentiment national.

On affirme que le prince de Talleyrand a dit : « Il faut avoir des principes pour « avoir le plaisir d'en dévier. » Ce mot n'explique pas toutefois qu'on ait tantôt appliqué, tantôt complétement ignoré le principe des nationalités. Souvent l'histoire, la force des choses et les circonstances n'ont pas permis de suivre ce principe jusqu'au bout.

Les aspirations nationales des gouvernements aussi bien que celles des races et des individus sont souvent dues à un fidèle et noble attachement aux idées et aux traditions nationales, mais elles proviennent aussi parfois d'avides espérances et d'une ambition déplorable.

C'est l'ambition qui compte parmi ce qu'il y a de plus riche en inconséquences dans le monde. Il y a même eu des inconséquences de ce genre qui sont de vraies énigmes psychologiques. Comment mettre d'accord, en effet, chez l'empereur Napoléon III, qui avait fait preuve de beaucoup d'esprit en maintes circonstances difficiles, sa convoitise d'une partie de la rive gauche du Rhin et son adhésion au principe des nationalités?

Le grand développement qu'a eu l'esprit national inspire maintenant parfois de vives inquiétudes; heureusement, on peut faire bien des réflexions tranquillisantes.

L'histoire nous fait voir que des empires composés de différentes races ont survécu à des États purement nationaux. Pourquoi n'en serait-il pas de même à l'avenir?

Un État bien constitué et bien gouverné n'a pas à craindre l'esprit national des populations qui en font partie; il peut le dominer par l'intelligence, la justice, l'équité et la liberté unie au respect pour la religion, les mœurs et la loi, car on peut dominer en grande partie par des moyens moraux et intellectuels tout ce qui est du domaine du moral et de l'esprit.

Il y a encore bien des raisons pour se tranquilliser : « Partout en Europe, le « commerce a franchi les barrières natio- « nales; l'industrie et le capital ont brisé

« des chaînes rivées par l'esprit national,
« et la vraie culture n'est ni anglaise, ni
« française, ni allemande, mais elle est
« européenne. Dans la sphère des intérêts
« matériels comme dans celle de l'intelli-
« gence, ce qui est national est dépassé,
« et la démocratie se ferait tort si, à
« l'instar des Grecs, elle traitait les étran-
« gers comme des barbares ou, à l'exemple
« des Romains, comme des ennemis. »
(B. BECKER.)

« Le nationalisme a succédé au cosmo-
« politisme, et c'est le caractère actuel des
« polémiques internationales qu'elles ont
« plutôt pour effet d'exciter les peuples les
« uns contre les autres, de soulever leurs
« rancunes et d'envenimer leurs griefs, que
« d'apaiser leurs ressentiments, que de faire
« régner entre eux une concorde fraternelle.

« Que l'opinion publique s'empare d'un
« litige pendant entre deux gouvernements,
« il y a grande apparence que, au lieu d'en
« faciliter la solution, elle travaillera con-
« sciencieusement à la rendre impossible.
« Cette réaction passera sans doute. Il est
« permis d'espérer qu'un jour viendra où
« la paix sera moins précaire, et où
« le prix de revient en sera moins élevé;
« mais ce progrès, on ne doit pas l'attendre
« du sentiment assez vague de la frater-
« nité des peuples; il ne pourra naître que
« d'une notion plus exacte des droits et des
« devoirs réciproques des États, en même
« temps que de la connaissance des vrais
« intérêts des populations rendues de plus
« en plus indépendantes par le développe-
« ment des échanges. » (G. DE MOLINARI.)

Toutes les capitales de l'Europe ont

déjà, plus ou moins, une teinte de cosmopolitisme, bien que les capitales soient, jusqu'à un certain point, les foyers de l'esprit national. La mode qui produit un certain nivellement et dont l'influence s'accroît par la facilité des communications, atténue, dans les capitales, les différences dues aux nationalités. Elle est cause de ce que beaucoup de pays sont devenus tributaires de la France.

Les Français, les Anglais, les Russes, les Espagnols, les Grecs, ne craignent rien pour leur nationalité. Pourquoi d'autres nations ayant autant de raison d'être que ces peuples seraient-elles toujours sur le qui-vive quant à leur nationalité?

Il suffit même qu'une nation ait eu de grands poëtes et des auteurs éminents, dont les œuvres aient été traduites dans les langues des pays les plus civilisés, pour qu'elle soit fondée à espérer de pouvoir se maintenir malgré toutes les vicissitudes politiques. Les grands poëtes rendent leurs nations immortelles.

« En rejetant la langue universelle, le « latin, en façonnant pour l'Italie un idiome « particulier, en écrivant dans cet idiome « une de ces œuvres immortelles qui « entrent dans le patrimoine d'une nation « et qui en font tout de suite une patrie, « Dante a créé pour ses concitoyens, sans « le vouloir, sans le savoir peut-être, le « plus solide des liens nationaux. » (Gabriel CHARMES.)

Et pourquoi ce que Dante est pour l'Italie et Shakespeare pour l'Angleterre, Camoëns ne le serait-il pas pour le Portugal et Pétoefi pour la Hongrie? Les chants de ce dernier, pas encore assez connus en Europe, ont charmé un des premiers critiques français tout autant que les strophes du célèbre poëte russe Lermontoff.

Un grand poëte ne devient pas seulement un lien national pour ses compatriotes; il est en même temps un lien cosmopolite qui unit entre eux tous les étrangers qui le comprennent et ceux-ci avec ses compatriotes.

Grâce à lui, une communauté de sentiments et d'élans s'établit entre eux.

Tout ce qui est vraiment sublime n'est pas seulement national. Ce qui est élevé parle, de même que l'Évangile, à l'esprit et au cœur de toutes les nations civilisées.

Le vrai, le bien et le beau sont universels et brillent, comme les étoiles, au-dessus de tous les pays.

Il y a une universalité du vrai génie qui est de toutes les parties du monde civilisé et qui ne peut avoir rien d'exclusif à cause de sa grande élévation. A la longue, « la « poésie n'a pas de patrie; elle aussi peut « se dire universelle ». (Maxime DU CAMP.)

Et c'est la poésie qui parle le plus à l'âme; mais on la trouve parfois aussi dans la prose des grands auteurs.

« L'idéal de Dante était une sorte d'union « générale du genre humain, de solidarité « entre tous les membres de la famille chré- « tienne, de paix, de justice et de liberté « universelle, réalisée par le renversement « de toutes les barrières nationales..... » (Gabriel CHARMES.)

Bien qu'on soit de nos jours plus éloigné

de cet idéal qu'on ne l'était au commencement du règne de l'empereur Charles V, il
n'y a pas lieu de désespérer. « Il viendra
« des écrivains dont le raisonnement et l'élo-
« quence persuaderont tôt ou tard aux géné-
« rations futures que le genre humain est
« plus que la patrie, ou plutôt que le bon-
« heur de l'une est étroitement lié à la féli-
« cité de l'autre. » (RAYNAL.)

Plus que sur les écrivains, on peut encore
compter sur les événements qui se charge-
ront de faire voir les tristes conséquences
de l'exagération de l'esprit national et qui
démontreront jusqu'à l'évidence que, malgré toutes les barrières nationales, il doit y
avoir en Europe une solidarité morale, intellectuelle et matérielle à laquelle aucune
nation ne saurait se soustraire.

Il est des empires composés de races différentes qui paraissent avoir la mission de faire disparaître l'aversion que les races ont les unes pour les autres, et démontrer comme possible en Europe ce qui existe déjà aux États-Unis d'Amérique, où les citoyens de différente nationalité vivent en paix sans qu'il y ait entre eux le lien du sentiment dynastique qui, dans quelques empires, établit entre des populations d'origine et de tendances diverses une communauté d'affection et une unité d'intérêts.

On peut dire que l'avenir est à ceux qui, dans l'intérêt de l'humanité et de la vraie civilisation inséparable d'une certaine variété, savent, lorsqu'il le faut, se mettre au-dessus du principe des nationalités par une supériorité basée non-seulement sur l'intelligence et la science, mais encore sur des principes moraux et religieux. Ce sont ces principes qui donnent l'énergie nécessaire pour la prospérité d'un État. Dans notre siècle, tout se développe si vite que ceux qui manquent d'énergie sont perdus.

Il faut songer à l'avenir, mais il faut surtout se demander ce qu'exige le présent.

Nous voyons dans beaucoup de parties de l'Europe des haines nationales si fortes « qu'on aime mieux se priver d'un bien que « de le devoir à des étrangers ». (Raynal.) Les antipathies des races entre elles sont si grandes qu'on renonce à se connaître mutuellement. Lorsqu'on se rencontre, on s'ignore. Tout homme sensé doit reconnaître qu'un apaisement à cet égard compte parmi ce qu'il y a de plus désirable dans l'intérêt de l'humanité, et que chacun doit y travailler de son côté autant qu'il le peut.

On dit qu'il n'y a rien de plus précieux pour l'homme que de se connaître soi-même. Les nations feront bien, elles aussi, de tâcher d'acquérir cette connaissance si utile et si nécessaire.

L'histoire nous apprend que mainte nation a eu des luttes fatales avec d'autres nations, n'ayant pas connu son côté faible ni la force de ces nations.

L'impartialité est indispensable lorsqu'il s'agit de porter un jugement tout à fait juste sur quoi que ce soit, et c'est précisément elle qui fait à présent si souvent défaut lorsqu'une nation doit juger d'une autre nation ou d'une race.

Comme en beaucoup de choses, les anciens peuvent nous servir de modèle à cet égard. Tout en considérant les étrangers comme des barbares ou des ennemis, les Grecs et les Romains ont rendu justice à leurs belles qualités.

Hérodote a parlé toujours avec une grande équité de toutes les nations étrangères.

« Qui ne connaît le portrait fait par Stra-
« bon de la race gauloise, où il est déjà dit
« que les Gaulois prenaient volontiers en
« main la cause de ceux qui subissent une
« injustice? Selon César, les Gaulois se gar-
« daient de confondre le droit et les lois,
« *jus et leges;* selon Strabon, les druides
« accordaient déjà une grande place dans
« leurs enseignements au droit et aux lois,
« en instruisant d'abord leurs élèves sur le
« droit naturel, puis sur les conditions et

« les lois particulières des États. » (Alfred
Fouillée.)

Tacite a parlé avec une grande impartialité des Germains, et Jules César, non-seulement des Gaulois, mais encore des Belges,
dont il a reconnu la grande bravoure.

Les anciens, qui ne pouvaient pas avoir
l'élévation de sentiments que donne le véritable esprit chrétien, ont montré plus de
justice et plus d'équité que maint auteur
moderne désireux de faire valoir sa nationalité.

On était bien plus juste et bien plus équitable au commencement de notre siècle
qu'on ne l'est à présent. Le comte Joseph
de Maistre, bien que rempli d'indignation
et d'aversion pour les révolutionnaires français, a rendu pleine justice au caractère de
la nation française. C. M. Arndt, un des

plus grands promoteurs du soulèvement national de l'Allemagne contre Napoléon Ier, a fait de même dans son *Essai d'histoire comparée.*

A présent, on ne veut plus respecter le caractère d'une nation ou d'une race, bien que l'on respecte encore celui d'un individu. On tient compte à un homme de son passé et des circonstances dans lesquelles il s'est trouvé; on a de l'indulgence et de la compassion pour lui lorsqu'il a souffert de grandes adversités et qu'il en est aigri ou abattu, mais on n'en fait pas de même à l'égard d'une nation. On ne veut pas compter les larmes que son triste sort lui a fait verser, et cependant, « les larmes sont le sang de l'âme ». (Saint Augustin.)

Il est des personnes qui aiment à généraliser lorsqu'elles sont dans le cas de juger.

Parfois, des voyageurs n'ont fait que tra·
verser un pays et ne se sont trouvés en
relation qu'avec un si petit nombre de personnes, qu'ils n'ont pu parvenir à observer
de près les différentes classes, et souvent,
« ce qui caractérise une nation dans ses
« classes moyennes s'évanouit de plus en
« plus lorsqu'on se rapproche des sphères
« les plus élevées qui dominent ». (Gumplowicz.)

Malgré cela, ils n'hésitent nullement à se
prononcer sur le caractère de la population
de ce pays.

Un seul trait suffit parfois pour former
une opinion sur un homme, et un seul fait
est considéré comme suffisant pour juger
du caractère d'une nation.

« Chez les peuples comme chez les indi-
« vidus, ce qui fait surtout le caractère, c'est

« cette faculté dominatrice de la conduite,
« la volonté. Pour apprécier à sa juste
« valeur la volonté d'un peuple, il faut exa-
« miner successivement trois choses : son
« degré de force, son objet habituel, ses
« moyens d'action. Or, à considérer d'abord
« la force vive de la volonté indépendam-
« ment de son objet, le peuple anglais offre
« au psychologue plus de ténacité et de
« patience; l'Allemand, une énergie plus
« âpre; le Français, plus de spontanéité et
« plus d'élan. Tous ces observateurs ont
« placé parmi les traits caractéristiques des
« Français l'enthousiasme, et l'enthou-
« siasme n'est que l'élan spontané de la
« volonté vers un idéal qui la passionne.
« En France, c'est surtout l'idéal social
« et politique qui nous a passionnés. « La
« France est la terre de l'enthousiasme »,

« disait Kant dans ses pages sur les carac-
« tères des divers peuples. » (Alfred
Fouillée.)

Le moral caractérise encore plus une
nation que ses facultés intellectuelles et la
tournure de son esprit.

Selon M. Koehle, « le caractère des peu-
« ples s'accentue dans la mesure que les
« communications se multiplient et s'accé-
« lèrent. Les nations parviennent à se
« connaître elles-mêmes et à avoir con-
« science d'elles-mêmes en se comparant
« à d'autres nations et en jugeant d'elles-
« mêmes comme elles jugent des étran-
« gers. » Lorsque ce diplomate distingué
a fait cette observation, il ne pouvait pas
prévoir que les animosités et les antipathies entre certains peuples deviendraient
si grandes, que des individus de ces mêmes

peuples tiendraient beaucoup à s'ignorer complétement quand ils se rencontreraient quelque part.

Il faut se féliciter de ce qu'il y a non-seulement différentes nations, mais encore différentes races et différentes souches.

La variété précieuse qui en résulte est analogue à celle qui existe dans la nature, et qui nous frappe surtout dans le règne végétal, où il y a tant d'espèces de plantes et d'arbres qui, par leur variété harmonieuse, rehaussent la beauté du paysage.

On est tenté de penser que chaque nation a la mission de faire ressortir dans son caractère une ou plusieurs qualités désirables pour toutes les autres nations, et que quelques-unes sont appelées à faire voir les inconvénients des défauts qui les caractérisent.

« La reine Sophie des Pays-Bas rêvait,
« comme Herder, un échange de tous les
« dons de l'humanité. » (E. R.)

Malheureusement, nous sommes encore
bien loin de cet échange rêvé par une prin-
cesse aussi remarquable par l'esprit que
par le cœur, et qui honorait sa patrie; mais
il ne faut désespérer de rien. Malgré tout,
l'humanité doit l'emporter sur les exagérations de l'esprit national. Elle ressemble
à la lumière pure dont l'éclat surpasse les
couleurs les plus vives, auxquelles on
peut comparer les nations les plus caracté-
risées.

Je crois devoir donner ici quelques aperçus et quelques opinions sur plusieurs
nations. Je ne fais, en cela, que réunir des
jugements dont j'ai eu connaissance sous
l'empire du hasard qui préside jusqu'à un

certain point à tous les recueils et qui peut fort bien m'avoir laissé ignorer, à mon grand regret, des opinions très-favorables et ne m'avoir fourni que des jugements sévères.

Je suis bien éloigné de prétendre à ce que toutes les opinions recueillies soient reconnues comme parfaitement justes. Il peut s'y trouver de l'exagération ou même de la partialité, soit qu'elle émane d'un noble sentiment, celui d'une vive reconnaissance pour de bons procédés, soit qu'elle provienne de la rancune que les personnes manquant d'élévation de caractère gardent à ceux dont elles n'ont pas eu à se louer.

Les événements pouvant modifier le caractère des nations comme celui des individus, il est aussi bien possible que les jugements qui étaient parfaitement justes il y a vingt ans ne le soient plus au même degré aujourd'hui.

Il faut encore dire qu'on trouve des hommes très-distingués qui ont un certain engouement pour les étrangers et qui jugent sévèrement leurs compatriotes. Il n'y a rien d'étonnant à cela. Il arrive assez souvent qu'on n'a pas plus d'affection pour un proche parent que pour un étranger avec lequel on est lié d'amitié par suite d'une communauté de sentiments et de goûts. Parfois aussi on ressent une forte aversion pour des compatriotes d'un caractère douteux ou difficile, tandis qu'on a du penchant pour des étrangers sympathiques. Cela rappelle ce mot du prince de Metternich : « La nationalité, c'est tout, et ce « n'est rien en même temps. »

OPINIONS

SUR

QUELQUES NATIONS

« Les Allemands ont la réputation
d'avoir un bon caractère, c'est-à-dire d'être
honnêtes et d'aimer la vie domestique,
qualités qui ne font pas briller. L'Allemand
s'accommode avec la plus grande facilité
chez toutes les nations civilisées, et, à la
longue, au gouvernement sous lequel il se
trouve; il est le plus éloigné de l'esprit
d'innovation et de l'opposition contre
l'ordre établi. Le flegme joint à la raison
forme son caractère. Il est l'homme de tous

les pays et de tous les climats; il émigre facilement et n'est pas profondément attaché à sa patrie. . . . .

. . . . Comme le flegme, pris dans la bonne acception du mot, indique le tempérament porté à réfléchir avec sang-froid et à avoir de la persévérance dans la poursuite d'un but, même malgré toutes les difficultés, on peut attendre de l'Allemand, à cause du talent que lui donnent sa raison juste et son esprit aimant à approfondir, autant que de toute autre nation ; il est très-capable de culture, excepté en ce qui touche au bel esprit et au goût esthétique; sous ce rapport, il n'égalera pas peut-être le Français, l'Anglais ou l'Italien. . . . .

. . . . C'est la modestie qui caractérise les Allemands dans le commerce du monde.

Ils apprennent plus de langues que toute autre nation; ils sont (selon le mot de Robertson) des « marchands en gros d'éru- « dition »; ils découvrent, dans le domaine des sciences, des traces que d'autres poursuivent ensuite avec éclat. L'Allemand n'a pas d'orgueil national; étant cosmopolite, il n'est pas fort attaché à son pays. Dans celui-ci, il est, selon Boswell, plus hospitalier envers les étrangers que toute autre nation; il élève avec sévérité ses enfants à avoir de bonnes mœurs, et, conformément à son penchant pour l'ordre et la régularité, il se laissera plutôt tyranniser qu'il ne se prêtera à des innovations, surtout arbitraires, dans le gouvernement. C'est son bon côté.

« Son côté désavantageux est sa tendance à imiter les autres et l'opinion défavorable

à lui-même qu'il a de ne pouvoir pas être original (ce qui est juste le contraire des Anglais hautains). Il a aussi une certaine manie de méthode; il veut se faire classer péniblement avec ses concitoyens, non pas d'après un principe plutôt conforme à l'égalité, mais d'après certaines distinctions et le rang, et il est inépuisable à trouver des systèmes pour les rangs et à inventer des titres; il devient servile par pédanterie, ce qu'il faut attribuer à la forme de la constitution de l'Empire germanique. On ne peut toutefois se dissimuler que ses formes pédantesques sont dues à l'esprit de la nation allemande et à ses dispositions naturelles. . . . . . »
(Kant.)

« Les Allemands ont plutôt de la tendance à prendre des coutumes, tandis que les Français ont la propension à inventer des modes. » (KANT.)

« L'Allemand n'est pas trop attaché à sa patrie, ce qui est le signe d'un esprit éclairé. » (KANT.)

« Les Allemands ont, en général, de la sincérité et de la fidélité ; ils ne manquent presque jamais à leur parole, et la tromperie leur est étrangère. Si ce défaut s'introduisait jamais en Allemagne, ce ne pourrait être que par l'envie d'imiter les étrangers, de se montrer aussi habiles qu'eux et surtout de n'être pas leur dupe; mais le bon sens et le bon cœur ramèneraient bientôt les Allemands à sentir qu'on n'est fort que par sa propre nature, et que l'habitude de l'honnèteté rend tout à fait incapable de se servir de la ruse. Il faut, pour tirer parti de l'immoralité, ètre armé tout à fait à la légère et ne pas porter en soi-même une conscience et des scrupules qui vous arrêtent à moitié chemin, et vous font éprouver d'autant plus vivement le regret d'avoir quitté l'ancienne route, qu'il vous est impossible d'avancer hardiment dans la nouvelle.

« Il est aisé, je le crois, de démontrer que,

sans la morale, tout est hasard et ténèbres. Néanmoins, on a vu souvent chez les nations latines une politique singulièrement adroite dans l'art de s'affranchir de tous les devoirs; mais, on peut le dire à la gloire de la nation allemande, elle a presque l'incapacité de cette souplesse hardie qui fait plier toutes les vérités pour tous les intérêts, et sacrifier tous les engagements à tous les calculs. Ses défauts, comme ses qualités, la soumettent à l'honorable nécessité de la justice.

« La puissance du travail et la réflexion sont aussi l'un des traits distinctifs de la nation allemande. Elle est naturellement littéraire et philosophique; toutefois, la séparation des classes, qui est plus prononcée en Allemagne que partout ailleurs, parce que la société n'en adoucit pas les nuances, nuit à quelques égards à l'esprit proprement dit. Les nobles y ont trop d'idées, et les gens de lettres trop peu d'habitude des affaires. L'esprit est un mélange de la connaissance des choses et des hommes; et la société où l'on agit sans but, et pourtant avec intérêt, est précisément ce qui développe le mieux les facultés les plus opposées. C'est l'imagination plus que l'esprit qui caractérise les Allemands. J. P. Richter, l'un de leurs écrivains les plus distingués, a dit que « *l'empire de la* « *mer était aux Anglais, celui de la terre* « *aux Français, et celui de l'air aux Alle-* « *mands* » : en effet, on aurait besoin en Allemagne de donner un centre et des bornes à cette éminente faculté de penser qui s'élève et se perd dans le vague, pénètre et disparaît dans la profondeur, s'anéantit à force d'impartialité, se confond à force d'analyse, enfin manque de certains défauts qui puissent servir de circonscription à ses qualités. . . . .

. . . .

« Dès que l'on s'élève un peu au-dessus de la dernière classe du peuple en Allemagne, on s'aperçoit aisément de cette vie intime, de cette poésie de l'âme qui caractérise les Allemands. Les habitants des villes et des campagnes, les soldats et les laboureurs savent presque tous la musique.

. . . .

« Il faut..... savoir gré aux Allemands de la bonne volonté qu'ils témoignent par les révérences respectueuses et la politesse remplie de formalités que les étrangers ont si souvent tournées en ridicule. Ils auraient aisément pu remplacer par des manières froides et indifférentes la grâce et l'élégance qu'on les accusait de ne pouvoir atteindre : le dédain impose toujours silence à la moquerie, car c'est surtout aux efforts inutiles qu'elle s'attache; mais les caractères bienveillants aiment mieux s'exposer à la plaisanterie que de s'en préserver par l'air hautain et contenu qu'il est si facile à tout le monde de se donner.

« On est frappé sans cesse, en Allemagne, du contraste qui existe entre les sentiments et les habitudes, entre les talents et les goûts : la civilisation et la nature semblent ne s'être pas encore bien amalgamées ensemble. Quelquefois, des hommes très-vrais sont affectés dans leurs expressions et dans leur physionomie, comme s'ils avaient quelque chose à cacher; quelquefois, au contraire, la douceur de l'âme n'empêche pas la rudesse dans les manières : souvent même cette opposition va plus loin encore, et la faiblesse du caractère se fait voir à travers un langage et des formes durs. L'enthousiasme pour les arts et la poésie se réunit à des habitudes assez vulgaires dans la vie sociale. . . . . .

. . . .

« Les hommes éclairés de l'Allemagne se disputent avec vivacité le domaine des spéculations, et ne souffrent dans ce genre aucune entrave; mais ils abandonnent assez volontiers aux puissants de la terre tout le réel de la vie. « Ce réel, si dédaigné « par eux, trouve pourtant des acquéreurs « qui portent ensuite le trouble et la gêne « dans l'empire même de l'imagination. » L'esprit des Allemands et leur caractère paraissent n'avoir aucune communication ensemble : l'un ne peut souffrir de bornes, l'autre se soumet à tous les jougs; l'un est très-entreprenant, l'autre très-timide; enfin les lumières de l'un donnent rarement de la force à l'autre, et cela s'explique facilement. L'étendue des connaissances, dans les temps modernes, ne fait qu'affaiblir le caractère, quand il n'est pas fortifié par l'habitude des affaires et l'exercice de la volonté. » (Madame DE STAËL.)

« L'esprit de chevalerie règne encore chez les Allemands, pour ainsi dire, passivement; ils sont incapables de tromper, et leur loyauté se retrouve dans tous les rapports intimes; mais cette énergie sévère

qui commandait aux hommes tant de
sacrifices, aux femmes tant de vertus,
et faisait de la vie entière une œuvre
sainte où dominait toujours la même
pensée; cette énergie chevaleresque des
temps jadis n'a laissé dans l'Allemagne
qu'une empreinte effacée. Rien de grand
ne s'y fera désormais que par l'impul-
sion libérale qui a succédé dans l'Europe
à la chevalerie. » (Madame DE STAËL.)

« Les Allemands n'ont pas à lutter chez
eux contre les ennemis de l'enthousiasme;
et c'est un grand obstacle de moins pour
les hommes distingués. L'esprit s'aiguise
dans le combat, mais le talent a besoin

de confiance. Il faut croire à l'admiration,
à la gloire, à l'immortalité, pour éprouver
l'inspiration du génie, et ce qui fait la différence des siècles entre eux, ce n'est pas
la nature, toujours prodigue des mêmes
dons, mais l'opinion dominante à l'époque
où l'on vit; si la tendance de cette opinion
est vers l'enthousiasme, il s'élève de toutes
parts des grands hommes. » (Madame DE
STAËL.)

« On a si souvent vu, de nos jours, la
faiblesse unie à beaucoup de vertu, qu'on
s'est accoutumé à croire qu'il y avait de
l'énergie dans l'immoralité. Les philo-
sophes allemands, et gloire leur en soit
rendue, ont été les premiers dans le

dix-huitième siècle qui aient mis l'esprit fort du côté de la foi, le génie du côté de la morale, et le caractère du côté du devoir. » (Madame DE STAËL.)

« Les Allemands, en général, sont embarrassés lorsqu'il s'agit de finir; et c'est surtout à eux que pourrait s'appliquer ce proverbe des Chinois : « Quand on a dix pas « à faire, neuf est la moitié du chemin. » (Madame DE STAËL.)

« En Allemagne, les hommes distingués seuls savent causer, tandis qu'en France tout le monde s'en tire. Les hommes supérieurs, en France, sont indulgents; les hommes supérieurs, en Allemagne, sont très-sévères; mais en revanche, les sots chez les Français sont dénigrants et jaloux, et les Allemands, quelque bornés qu'ils soient, savent encore se montrer encourageants et admirateurs.» (Madame DE STAËL.)

« Il est vrai qu'il serait presque impossible, en Allemagne, d'introduire l'injustice dans les tribunaux. Les Allemands sont assez disposés à se faire des systèmes pour abandonner la politique à l'arbitraire; mais, quand il s'agit de jurisprudence ou d'administration, on ne peut faire entrer dans leur tête d'autres principes que ceux de la justice. Leur esprit de méthode, même sans parler de la droiture de leur cœur, réclame l'équité comme mettant de l'ordre dans tout. » (Madame DE STAËL.)

« Les Prussiens ont d'autres allures que les Allemands du Midi, mais ils leur ressemblent sous plusieurs rapports. Le colonel baron Stoffel a dit avec raison que les Prussiens possèdent à un haut degré les qualités solides : l'application au travail, le sentiment du devoir, la persévérance, l'ordre, l'économie, l'obéissance. Mais ce qui les distingue surtout, c'est qu'ils ont tous fort à cœur l'intérêt de la Prusse et travaillent à la grandir. Il est difficile de les égaler en patriotisme. » (U. A. D.)

« L'Amérique et les Américains donnent
l'idée d'une Angleterre et d'Anglais de
seconde et troisième classe. » (DE BACOURT.)

« L'Américain du Nord est très-différent
de celui du Sud. J'entends ici seulement le
nord et le midi des États-Unis. L'Américain du Nord, celui qu'on appelle « Yan-

kee », est le type anglais auquel se joignent la finesse et l'habileté du Juif; c'est ce mélange de la fierté, de la froideur, de la roideur britanniques avec l'astuce hébraïque qui fait du Yankee un être à part. Les Yankees sont Anglais dans l'âme malgré le mépris que ceux-ci professent pour eux. C'est en Angleterre qu'ils vont puiser leurs mœurs, leurs goûts, leurs modes, leurs habitudes et jusqu'à leur antipathie pour la France et les Français. Les Yankees, beaucoup plus civilisés que leurs compatriotes du Sud, admettraient volontiers une aristocratie dans tous les genres de supériorité qu'admettent les Anglais; et, dans tout ce qu'on appelle les États de la Nouvelle-Angleterre, il suffirait de peu de changements pour y établir la forme de gouvernement de la vieille Angleterre. Dans les États du Sud, au contraire, les penchants sont français, et, je le dis avec peine, ils ne sont pas très-bons, en ce sens que ce sont nos mauvais penchants qu'ils ont adoptés; c'est ce qu'ils aiment de nous! Ils sont vaniteux et jaloux de la civilisation supérieure du Nord qu'ils désirent écraser par les principes de l'extrême démocratie. » (DE BACOURT.)

« La rudesse des Américains n'est pas la sauvage énergie d'une nature puissante; non, c'est une rudesse civilisée, et par là doublement haïssable. » (Nicolas LENAU.)

« A New-York, tout est intéressant. Je ne dirai pas que tout me charme. On ne se lasse pas de contempler l'activité constante, surexcitée, fiévreuse, qui, pendant la matinée, règne à Broadway et à Wallstreet, la vie élégante qui, vers la chute du jour, anime la belle et imposante cinquième avenue sillonnée alors par des flots de piétons désœuvrés et de nombreux équipages. Le luxe des voitures, dont beaucoup étalent sur les portières de grands écussons, de trop riches livrées, des « carrossiers » grand prix, les toilettes un peu mirobolantes des femmes mieux traitées par la nature que par leurs couturières, tout l'ensemble de ce spectacle pique votre curiosité plus qu'il ne vous satisfait peut-être. On tâche de découvrir le lien moral entre ce faste qui, sur ce sol républicain, ne craint pas de se montrer au grand jour, et la soif de l'égalité qui est le principe moteur, le but, l'aiguillon, la récompense et le châtiment des sociétés démocratiques. · Sans doute, ce monde fashionable n'est que toléré par le prolétaire, par l'homme en blouse qui le coudoie assez rudement, par l'homme du quatrième état, comme on dirait en Europe; mais cette tolérance s'explique par l'espoir que chacun a conçu, et qui dans ce pays-ci n'est pas tout à fait chimérique, d'arriver un jour au même degré de prospérité; de voir sa femme qui, aujourd'hui, blanchit du linge ou rince des bouteilles dans quelque « gin palace », étendue nonchalamment le lendemain dans un beau landau; de mener soi-même son « gig » attelé d'un cheval fringant qui a coûté cinq mille dollars; de s'entourer, en un mot, de toutes les jouissances matérielles dont l'aspect, en attendant qu'on y arrive, excite les appétits et l'activité du spectateur bien plus que son envie.

« C'est là ce qui distingue le démocrate américain du démocrate de la vieille Europe. Ce dernier désespère de monter en grade; donc, il tâche de faire descendre les autres. Son mobile moral est l'envie, et son action, de niveler ou de détruire. L'Américain veut jouir; pour jouir, il faut qu'à force de travail il puisse gagner de l'argent, ce qui dans le nouveau monde est toujours possible et souvent facile. Cela fait, il s'impose aux autres de bonne foi, il se croit devenu l'égal de tous. Il tâche donc de s'élever. Il cherche l'égalité dans une sphère supérieure à celle où il est né et d'où il part. Le démocrate européen compte arriver à l'égalité en abaissant les autres à son propre niveau. Des deux démocratismes, je préfère l'américain. Mais il paraît qu'ici-bas, en Amérique comme dans notre hémisphère, l'égalité n'est possible qu'en théorie. Cela ne m'a frappé nulle part plus qu'aux États-Unis.

« Revenons à notre homme en blouse qui se promène dans « fifth-avenue » entre cinq et six heures du soir. Le spectacle qui se déroule sous ses yeux le fascine sans l'irriter. Il regarde avec une vive et joyeuse émotion. C'est qu'il espère que tout cela sera un jour à sa portée. Mais cette espérance ne pourra se réaliser qu'à demi. Il lui est possible de faire une grande et princière fortune, de lutter de luxe avec les richards de Walstreet; il lui sera difficile, sinon impossible, de pénétrer dans certaines régions. Aux rares relations qu'il aura avec les hommes qui y appartiennent, il ne tardera pas à reconnaître son infériorité. Son fils ou son petit-fils y sera peut-être admis un jour; lui-même en reste exclu. Mais comme il forme la majorité, il ne se décourage pas. A force de lutter sourdement, ouvertement, parfois brutalement, il poursuivra, sans jamais pouvoir l'atteindre, l'idéal de l'égalité intellectuelle et sociale.

« Il en résulte ceci : les gens à l'esprit cultivé, aux mœurs élégantes, au goût des traditions historiques, et par conséquent des choses d'Europe, se dérobent dans une certaine mesure à la vue du public, forment un monde à part, fuient, parce qu'il leur est hostile, le contact avec la vie réelle, avec les grandes activités qui exploitent ce continent immense, qui en découvrent et en font valoir les trésors, qui créent toutes ces merveilles que nous admirons avec raison. Il est permis d’étaler un luxe effréné parce que les biens matériels sont accessibles à tous ; il n’est pas permis d’exposer aux regards de la multitude, qui sent qu’elle ne pourra jamais s’élever à ces hauteurs, le spectacle des jouissances de l’esprit et des raffinements des mœurs. Ces trésors sont soigneusement cachés, comme les Juifs du moyen âge cachaient, comme les hommes considérables de l’Orient cachent encore l’opulence de leurs foyers derrière des murs d’enceinte de pauvre apparence.

« Cela fait qu’aux États-Unis nous rencontrons plus souvent des hommes prétentieux et vulgaires que des gens « comme il faut ». De là l’opinion si généralement répandue en Europe, et c’est une erreur, que l’Américain du Nord ne sait pas vivre. La vérité est que les parvenus, mais parvenus le plus souvent grâce à leur intelligence, à leur courage, à leur activité; que ces hommes remarquables qui ont eu le temps de faire fortune, mais qui n'ont pas trouvé le moyen de faire eux-mêmes leur éducation; qui sentent leur valeur, et souffrent en même temps de se voir exclus du commerce de leurs supérieurs, — supérieurs par l'éducation, par les habitudes et par les manières; — la vérité est que ces hommes s'imposent partout, tandis que les vrais gentlemen et les vraies ladies mènent une vie complétement retirée, qu'ils protestent par leur absence contre cette prétendue égalité, constituent dans les grandes villes de l'Est, surtout à Boston et à Philadelphie, une société plus exclusive que ne le sont les coteries les plus inaccessibles des cours et des capitales de l'Europe. » (B^{on} DE HÜBNER.)

« Lorsqu'on fait voir autant de bon sens dans ses actions que le font les Anglais, on en met aisément dans la conversation. Aussi la leur en a-t-elle beaucoup. Ils traitent une bagatelle en bagatelle, sans s'en occuper longtemps, sans s'échauffer là-dessus. Il paraît que surtout ils font cas du bon sens, et rarement les entend-on dire d'un homme qu'il a de l'esprit ou qu'il en manque. Ils parlent des choses comme ils les conçoivent eux-mêmes; ils ne craignent pas de heurter les préjugés communs qui dès là aussi doivent être d'un moindre poids chez eux qu'ailleurs; ainsi leur conversation est toujours agréable par la nouveauté des sentiments, et souvent très-sensée lorsqu'ils envisagent les choses du bon côté. On leur trouve des idées saines sur beaucoup de choses où d'autres nations se trompent. Vous les entendriez avec plaisir se servir communément du mot de « simple » comme d'une louange, et de celui de « rusé » comme d'une injure. Le titre de bonhomme n'est jamais pris en mauvaise part chez eux, de quelque ton même qu'on le prononce; bien loin de là, lorsqu'ils veulent louer beaucoup leur nation, ils allèguent leur « good natured people », peuple de bon naturel, dont ils prétendent qu'on ne trouve ailleurs ni le nom, ni la chose. Une autre preuve de bon sens dans leur conversation, c'est le silence dont ils l'entremêlent, et je pense même qu'il ne serait pas difficile de justifier leur « How do you do? » réitéré de temps en temps, dont les Français se moquent, et qu'ils regardent comme un manque d'esprit pour soutenir la conversation. Les Anglais se sont fort bien aperçus que, quand on ne parle que pour parler, on ne manque guère de dire des sottises, et que la conversation doit être un commerce de sentiments et non pas de paroles; et comme sur ce pied-là, on n'a pas toujours de quoi s'entretenir, il leur arrive parfois de se taire assez longtemps. Alors ils ont coutume de rompre ce long silence par des « How do you do? » Comment vous portez-vous? qu'ils adressent de temps en temps, honnêteté qui signifie qu'ils s'occupent des personnes avec qui ils se trouvent, mais qu'ils n'ont rien à leur dire. Mais le fatigant verbiage de la plupart de ceux qui se moquent d'eux, et qui font les spirituels et les agréables dans la conversation, justifie la taciturnité anglaise beaucoup mieux que tout ce qu'on pourrait dire en sa faveur.

« Les écrits des Anglais, plus connus que leurs conversations, sont fameux par le bon sens qui s'y trouve. » (*Lettres sur les Anglais*, publiées en 1728.)

« ....Les Anglais pensent profondément;
Leur esprit, en cela, suit leur tempérament;
Creusant dans les sujets et fort d'expériences,
Ils étendent partout l'empire des sciences. »
(LA FONTAINE.)

« Ce qui fait voir que le caractère anglais est plus que tout autre opposé au caractère des Français, c'est que l'Anglais renonce à toute amabilité, bien que l'amabilité soit la qualité principale dans les rapports entre les nations. Il y renonce aussi vis-à-vis de ses compatriotes, ne voulant vivre que conformément à son goût. L'Anglais fait, toutefois, pour ses compatriotes de grandes fondations telles que ne les possède aucune autre nation; mais l'étranger que le sort a exilé sur le sol anglais et qui y est en détresse, peut mourir sur un fumier, parce que, n'étant pas Anglais, il n'est pas considéré comme un homme. » (KANT.)

« Les Anglais cherchent le plaisir sans le trouver, les Français le trouvent toujours sans lui courir après. » (Baronne d'Oberkirch.)

« L'Anglais a beaucoup de respect et un grand attachement pour le passé et pour ce qu'il a produit, ce qui fait que le présent influe moins sur lui que sur beaucoup d'autres, et qu'il préfère les modifications aux changements. » (U. D.)

« Les Anglais ont le respect de la hiérar-
chie; ils sentent qu'elle est nécessaire, et ils
l'acceptent, étant éminemment utilitaires. »
U. D.)

« L'Anglais est toujours dominé par la
crainte de ne pas être comme tout le
monde. » (A. DE R.)

« Ce qui est pour beaucoup dans l'énergie des Anglais, c'est leur complexion
robuste. » (U. D.)

« Les Anglais d'une certaine condition se ressemblent beaucoup dans leurs manières. Sous ce rapport, il n'y a pas de différence entre le grand seigneur et le simple gentleman. » (A. DE R.)

« L'Anglais se laisse diriger beaucoup moins par les observations qu'il a faites qu'on ne le croit généralement. Il aime à se joindre à un parti et à en adopter la manière de voir. » (Prince DE PÜCKLER-MUSKAU.)

« Les Anglais sont si pratiques que, lors même que des motifs élevés leur font défaut, ils tiennent à la vertu et aux mœurs pour ne pas subir les tristes conséquences qu'on ne peut pas éviter quand on en fait abstraction. Pour eux, la « respectability » est de la dernière importance. » (U. D.)

« L'Anglais a les préjugés de l'orgueil, et le Français, ceux de la vanité. » (J. J. Rousseau.)

« Les Anglais me font toujours l'effet de dire : —Ne vous gênez pas pour moi, car je ne me gêne pas pour vous. » (A. C. M.)

« Quelle est la raison morale de la supériorité des Anglais sur les Français en fait d'entreprises et d'activité? La raison morale en est, nous le prouverons si l'on veut, dans l'essor que donne incessamment à l'activité anglaise le mouvement vers des colonies prospères . . . .

. . . .

« Que l'on considère la Hollande et toutes les puissances coloniales, on verra que rien n'excite l'activité dans la métropole elle-même, rien n'est apte à favoriser le travail au dedans comme le labeur du dehors et les entreprises lointaines. » (RABOISSON.)

« Les Anglais, qui ont tant d'originalité dans le caractère, redoutent néanmoins, généralement, les nouveaux systèmes. La sagesse d'esprit leur a fait tant de bien dans les affaires de la vie, qu'ils aiment à la retrouver dans les études intellectuelles, et c'est là cependant que l'audace est inséparable du génie. » (Madame DE STAËL.)

« L'Angleterre peut être fière de ce que l'idée du « gentleman » y a pris racine et y a été développée. » (ALBUM D'UN DIPLOMATE.)

« Avec d'anciens Bretons, des Anglo-Saxons, des Danois, des Normands, le temps a fait l'Anglais; l'Anglais simple, entier, intrépide ayant toute la fierté de l'homme libre, froid en apparence, ardent au fond, et joignant à une imagination originale un sens pratique exercé par la plus grande expérience des affaires qui fut jamais. » (THIERS.)

« L'Autriche réunissant dans son sein des peuples très-divers, tels que les Bohèmes, les Hongrois, etc., n'a point cette unité si nécessaire à une monarchie; néanmoins, la grande modération des maîtres de l'État a fait depuis longtemps un lien pour tous de l'attachement à un seul. L'empereur d'Allemagne était tout à la fois souverain de son propre pays et chef constitutionnel de l'Empire. Sous ce dernier rapport, il avait à ménager des intérêts divers et des lois établies, et prenait comme magistrat impérial une habitude de justice et de prudence qu'il reportait ensuite dans le gouvernement de ses États héréditaires [1]. La nation bohème et hongroise, les Tyroliens. . . . .

. . . .

ont tous plus de vivacité naturelle que les véritables Autrichiens; ceux-ci s'occupent sans cesse de l'art de modérer au lieu de celui d'encourager. Un gouvernement équitable, une terre fertile, une nation riche et sage, tout devait leur faire croire qu'il ne fallait que se maintenir pour être bien, et qu'on n'avait besoin en aucun genre du secours extraordinaire des talents

[1] En rappelant que les empereurs de la maison de Habsbourg ont été chefs constitutionnels du Saint-Empire romain, madame de Staël aurait pu ajouter qu'ils sont, depuis des siècles, rois constitutionnels de Hongrie.

supérieurs. On peut s'en passer, en effet, dans les temps paisibles de l'histoire; mais que faire sans eux dans les grandes luttes? » (Madame DE STAËL.)

« Les Autrichiens, qui sont bien doués, ont souvent une facilité géniale à comprendre et à produire qui diffère avantageusement d'une certaine pesanteur dont d'autres races allemandes ne sont pas exemptes. S'il s'y joint encore le vrai génie et une application pleine d'abnégation, on voit des résultats prodigieusement beaux. Il se produit alors des personnalités à la fois harmonieuses et puissantes comme les forces indomptées de la nature : des Haydn, des Mozart. » (Guillaume SCHERER.)

« Les Autrichiens deviennent sympathiques aux étrangers par un certain cosmopolitisme qui provient de ce que, dans la monarchie austro-hongroise, différentes nationalités se trouvent réunies. » (U. A. D.)

« Le vrai Autrichien a une bienveillance naturelle qui ne se dément jamais, et qui, en lui faisant oublier parfois son propre intérêt, lui donne l'air de ne pas le comprendre et d'être moins intelligent qu'il ne l'est réellement. Parfois aussi, des Autrichiens bien doués n'ont pas assez développé leurs talents. En ce qui concerne le vrai point d'honneur, les véritables Autrichiens ne le cèdent à personne, soit qu'il s'agisse d'eux-mêmes ou de leur pays. Ils rappellent en cela leur chevaleresque compatriote le prince Félix de Swarzenberg, qui, comme disait le poëte Zedlitz, ne supportait aucune ombre de rouille sur le bouclier dont il fallait sauvegarder l'honneur. » (U. A. D.)

« Par le sang wallon, les Belges tiennent du caractère des Français, et par le sang flamand, ils sont rapprochés des Allemands; mais ils sont bien différents de ces deux nations. Ce qui caractérise les Français et les Allemands est fort atténué chez les Belges. Les demi-teintes prédominent dans leur caractère.

« Les Belges sont courageux, honnêtes, solides et persévérants. Ils ont le bonheur d'aimer le travail. C'est à cet amour et à un sage esprit d'économie que sont dus la prospérité de leur pays et le grand crédit dont ils jouissent. Ils ont un vrai patriotisme. Ils sont naturellement calmes, mais la religion et la politique peuvent les passionner. Ils ont le sentiment des beaux-arts, et ils excellent dans la peinture. » (U. D.)

« L'Espagnol, qui provient d'un mélange
du sang européen avec le sang arabe
(mauresque), montre dans la vie publique
et dans la vie privée une certaine gravité,
et même le paysan espagnol a vis-à-vis de
ses supérieurs, à qui il obéit conformément
à la loi, le sentiment de sa dignité. La
« grandeza » espagnole et même les locutions grandioses dont les Espagnols se
servent dans la conversation manifestent
une noble fierté nationale. C'est pour cela

que la pétulance française mêlée de familiarité leur répugne. . . . .

. . . .

Tout cela forme le bon côté des Espagnols.

« Le moins bon côté est qu'ils n'apprennent rien des étrangers, qu'ils ne voyagent pas pour connaître les autres nations, qu'ils restent fort en arrière dans les sciences, qu'ils sont difficiles à adopter une réforme quelconque, et qu'ils sont fiers de n'avoir pas besoin de travailler. Leur esprit a quelque chose de romanesque, comme les combats de taureaux; ils peuvent être cruels, comme l'indique l'*auto-da-fé* du temps jadis, et manifestent en partie dans leurs goûts leur origine extra-européenne. » (KANT.)

« L'opinion générale sur les Espagnols est qu'ils sont indolents et fiers. Des étrangers qui viennent en Espagne sont tellement pénétrés de cette opinion, qu'ils ne se donnent pas la peine d'examiner si elle est vraie ou fausse, et si, tout en admettant leur indolence et leur fierté, on ne trouve pas qu'ils ont d'autres qualités qui rachètent ces défauts-là. Je ne reproche pas au voyageur frivole, qui consent à se retirer avec une pareille opinion, un manque d'esprit d'observation; l'Espagnol possède en effet, au plus haut degré, ces deux défauts, qui se manifestent dans toutes les actions de toutes les races espagnoles. Je le blâme seulement de quitter ce pays après y avoir vécu quelque temps, et de dire du mal de ses habitants, en confirmant ainsi une opinion généralement reçue, sans faire observer en même temps que les Espagnols sont braves, honnêtes et généreux. » (Earl of Malmesbury.)

~~~~~~~~~~~~~~~~~~~~~~~~~~~~~~

« L'orgueil d'un Espagnol le portera à ne pas travailler ; la vanité d'un Français le portera à savoir travailler mieux que les autres. . . . .

. . . .

. . . .

« Toute nation paresseuse est grave ; car ceux qui ne travaillent pas se regardent comme souverains de ceux qui travaillent. » (Montesquieu.)

~~~~~~~~~~~~~~~~~~~~~~~~~~~~~~

« Les Espagnols ont tous les mêmes manières, et c'est la seule nation chez laquelle il n'y ait aucune différence entre le grand seigneur et le paysan. Cela donne aux Espagnols le cachet d'une nation privilégiée. » (U. A.)

« Avec des Goths, des Vandales, des Maures, le temps a fait l'Espagnol : l'Espagnol fier, sauvage, ombrageux, n'aimant pas l'étranger avec lequel il est peu habitué à vivre, et ayant, à travers toutes les révolutions, conservé presque entiers et son esprit chevaleresque, et son antique droiture. » (THIERS.)

« Le Français oublie tout de suite le passé, ne prévoit jamais l'avenir et ne vit que dans l'heure présente. » (MACHIAVEL.)

〜〜〜〜〜〜〜〜〜〜〜〜〜〜

« Les Français, pleins d'impatience, priment, grâce à la vivacité de leur esprit, dans la hardiesse et la promptitude à prendre des résolutions; cela même les rend fortunés, les empêche de devenir tièdes et est

la cause de ce que la rapidité des événements les fait gagner. » (D. Diego Saave-
dra Fajardo.)

<hr>

« L'homme de mérite français a à peu
près ce que les personnes de mérite ont
partout ailleurs, puisque enfin il n'y a
qu'une seule espèce de vrai mérite parmi
les hommes, et que c'est de là que tout ce
que l'on nomme gens de mérite tirent, ou
peu ou beaucoup, celui qu'ils ont; mais il
a de plus tout l'agrément qui est particulier
aux Français. On n'a pas la peine de le
deviner; ses manières le rendent, pour
ainsi dire, transparent, et laissent voir tout
ce qu'il a de bon; c'est en lui que s'accom-

plit le souhait d’un ancien à l’égard de la vertu : on l’y trouve comme visible, et elle s’y fait aimer avec passion. En effet, on se sent entraîné vers le Français homme de mérite; on voudrait lui ressembler, et l’on a du regret de ce que tous les hommes ne lui ressemblent pas. On peut faire fonds sur lui et se fier entièrement à sa parole : la probité, l’honneur, la générosité se trouvent en lui, en quelque façon comme dans leur source : c’est lui qui les répand parmi les Français et qui les met en vogue au point où nous le voyons. Il a les bonnes qualités de sa nation; et celles même qui, lorsqu’elles se trouvent ailleurs que chez lui, ne sauraient se faire jour à travers tout ce qui les couvre, se produisent ici. La bonté de cœur qui l’anime les met en liberté et leur fait prendre l’essor. Même il fait valoir heureusement jusqu'aux défauts de sa nation et les rectifie. S'il fait attention aux petites choses, c'est pour ne négliger aucune occasion de faire plaisir; il s'y prend de si bonne grâce qu'on ne croit presque pas lui avoir de l'obligation : il semble qu'il n'ait eu en vue que de se contenter soi-même. S'il brille dans la conversation, c'est pour dire délicatement des choses obligeantes, pour défendre ceux que l'on attaque ou pour faire de sorte que les gens soient contents d'eux-mêmes. Il y réussit si bien que l'on sort d'auprès de lui trop satisfait de soi; c'est ce qu'on peut lui reprocher. En un mot, et pour ne me pas engager dans un trop grand détail, être honnête homme et faire plaisir est chez lui une profession; il s'y applique, et il y excelle; c'est, je crois, ce qu'il y a parmi les hommes de plus revenant. » *(Lettres sur les Français,* publiées en 1728.)

~~~~~~~~~~~~~~~~

« Dans les grandes occasions comme dans les petites, le Français se pique de ne point manquer à ce qu'il croit devoir à ses amis, et la bonté de cœur qui est propre à cette nation lui fait étendre ses devoirs fort loin. Il donne à ses amis toute la liberté de lui parler, et il est établi parmi eux de se parler très-naturellement, de se donner tous les avis nécessaires.

. . . .

« .....Les Français sont, je pense, les meilleurs amis du monde, ou si c'est trop dire, ils sont du moins les amis les plus sen-
~~~~~~~~~~~~~~~~

sibles aux devoirs de l'amitié, et peut-être
la nation où il y a le plus d'amis. Mais voici
en même temps une grande bizarrerie
dans le caractère général de cette nation,
une espèce de désaveu de la bonté de cœur
qui en fait le mérite. Non-seulement le
Français ne prétend pas se faire valoir par
cet endroit, et n'ambitionne point cet éloge,
mais dans ce pays de bonnes gens que
l'on voudrait pouvoir louer dignement sur
ce sujet, et s'acquitter par là en quelque
façon de ce qu'on leur doit, il se trouve
que les noms de « bon homme », « bonne
femme », sont sujets à être pris en mauvaise part : alors ce sont des espèces d'in-
jures qui ne désignent pas moins qu'un
homme borné, un homme simple, avec
qui surtout on ne veut pas ici de ressem-
blance. C'est par l'esprit, qu'ils envisagent

généralement comme opposé à la bonté, que les Français veulent être loués, au hasard même d'être comparés au « Diable », qui est une des expressions qu'ils emploient dans ces occasions. Elle peut servir aussi à faire connaître le genre d'esprit qu'ils louent. Il est vrai que, par une autre manière de parler, ils réparent cette injure faite à l'esprit, et qu'ils la réparent hautement. Vous saurez qu'ils ont de l'esprit comme les « anges »; et il y en a bon nombre parmi eux qui, apparemment pour répondre à cet éloge, s'ils ne parlent pas comme les anges, cessent du moins de parler comme font les hommes; ils quittent le simple et le naturel pour le brillant et le spirituel, ils en font l'ordinaire, le corps de leur conversation; et après les avoir suivis pendant quelque temps, on les perd de vue.

« De manière ou d'autre, et à quelque prix que ce soit, on veut de l'esprit en France jusque-là qu'un caractère assez ordinaire parmi eux, c'est de perdre, comme ils disent, plutôt un ami qu'un bon mot. A les considérer par là, à les voir négliger la bonté de cœur pour ce qui la vaut si peu, on serait tenté de dire des Français qu'ils ressemblent au cerf de la fable, qui estime beaucoup son bois apparent, ornement qui peut lui être funeste, tandis qu'il a honte de ses pieds menus qui lui rendent de très-bons services. » *(Lettres sur les Français.)*

« Depuis la régence d'Anne d'Autriche, les Français ont été le peuple le plus sociable et le plus poli de la terre. » (VOLTAIRE.)

« Ce qui caractérise surtout les Français quand on les compare aux autres nations, c'est le goût de la conversation, dans laquelle ils peuvent servir de modèle aux autres nations. Le Français.est poli surtout envers les étrangers qui viennent dans son pays, bien que la politesse soit passée de mode. Il n'est pas poli par intérêt, mais par le besoin naturel de se communiquer. . . .

« .....Cette tendance doit aussi aider à produire chez lui une disposition à être obligeant, une bienveillance qui le porte à donner du secours et engendrer même une philanthropie fondée sur des principes, enfin rendre cette nation aimable en tout.

« Le revers de la médaille est une vivacité qui n'est pas contenue par des principes dus à la réflexion, et une légèreté qui, tout en étant accompagnée d'un esprit clair-voyant, ne peut pas laisser subsister, quoique l'on s'en soit bien trouvé, certaines formes, parce qu'elles sont anciennes ou parce qu'on les a trop vantées. Il s'y joint aussi un esprit de liberté qui s'empare de la raison et qui produit dans les rapports du peuple avec l'État un enthousiasme ébranlant tout et allant au delà de la dernière extrémité. » (KANT.)

« Il est fort curieux que le Français aime la nation anglaise et fasse ses louanges, tandis que, en général, l'Anglais, même lorsqu'il n'a jamais quitté son pays, déteste et méprise les Français. » (KANT.)

« Singulière destinée de ces deux grands peuples *(les Anglais et les Français)* qui ne peuvent manquer de se rechercher et de se haïr !

« Dieu les a placés en regard comme deux aimants prodigieux qui s'attirent par un côté et se fuient par l'autre, car ils sont à la fois ennemis et parents. » (Joseph DE MAISTRE.)

« Nous devons attendre des Français beaucoup de sagacité, surtout dans la nécessité : c'est là leur force. En cela, ils ressemblent aux femmes; comme elles, ils sont extraordinairement tendres, rangés et humains, lorsqu'ils sont bons; comme elles aussi ils deviennent durs et cruels lorsqu'ils sont mauvais. » (J. P. RICHTER.)

« Rien de grand ne se fait dans notre Europe sans les Français. . . . .
. . . . . . et je ne puis douter qu'un jour (qui n'est pas bien loin peut-être) ils n'indemnisent richement le monde de tout le mal qu'ils lui ont fait, car le prosélytisme

est leur élément, leur talent, leur mission même; et toujours ils agiteront l'Europe, en bien ou en mal. » (Joseph DE MAISTRE.)

« Quelqu'un m'a dit qu'une pensée n'appartient jamais à l'univers avant qu'un écrivain de génie s'en soit emparé et l'ait revêtue d'une expression heureuse. Rien de mieux dit; et voilà précisément la source de l'influence française : c'est que les bons écrivains de cette nation expriment les choses mieux que ceux de toute autre nation, et font circuler leurs pensées dans toute l'Europe en moins de temps qu'il n'en faut à un écrivain d'autre pays pour faire connaître les siennes dans sa province.

C'est ce talent, cette qualité distinctive, ce don extraordinaire qui avait rendu les Français les distributeurs de la renommée. » (Joseph DE MAISTRE.)

« . . . .

. . . . . .Si les Français ne peuvent dominer par les armes les nations étrangères, ils ont exercé sur elles dans tous les temps une autre domination bien plus honorable : c'est celle de l'opinion. Du moment où ce peuple fut réuni en corps de nation, il fixa les yeux de l'univers, et l'étonna par un caractère brillant qui fut toujours envié. Charlemagne fut le Sésostris du moyen âge ; ses paladins firent une telle impression sur l'imagination des peuples qu'ils devinrent les objets d'une espèce de mythologie particulière; et les Roland et les Amadis furent pour nos pères ce que Thésée et Hercule furent pour les anciens Grecs. » (Joseph DE MAISTRE.)

« Le Français bien élevé et distingué gardera toujours les dehors, tandis que l'Anglais de la même catégorie, emporté par un enthousiasme aveugle et par l'ardeur du cœur, blessera les convenances. Dans les relations tenant aux sentiments, le Français est réfléchi, prévoyant et résolu à tel point qu'il procède avec une certaine méthode et qu'il ne peut guère être pris au dépourvu, et que son cœur, quelque épris qu'il soit, ne lui fait pas perdre la raison. L'Anglais, par contre, n'agit pas de parti pris à l'égard des femmes; chez lui, le sentiment qu'il a dans le moment est décisif, et il se jette tête baissée dans une liaison.

« Le Français, lorsqu'il est infidèle, aura pour sa femme des égards et cette politesse qui ne lui fait jamais défaut vis-à-vis des femmes; le sentiment des convenances lui donnera l'air d'être faux, et il maintiendra, aux yeux du monde, intact le lien qu'il aura brisé depuis longtemps; l'Anglais aime trop ses aises, est trop droit et trop carré pour ne pas repousser avec une force frisant la grossièreté ce qui lui impose une gêne pénible. » (HAMILTON MURRAY.)

« La grandeur des Français est plutôt passionnée que calme. » (U. A.)

« Le passé glorieux de la nation française explique sa propension et son aptitude à prendre l'initiative quant aux systèmes à établir dans l'occident de l'Europe. » (Luigi BLANCH.)

« Les Français sont toujours ce qu'il y a de plus brillant. » (U. A.)

« Ceux qui n'ont pas de dignité dans le caractère ne comprennent pas toujours les subtilités du point d'honneur qui dirige, en général, la conduite des Français. » (U. A.)

« En France, on a des idées démocratiques et des mœurs aristocratiques. » (A. DE R.)

« Les Français sont très-nuancés; chacun d'eux est différent de l'autre, tandis que tous les Anglais sont compris dans trois ou quatre types. L'individu a même trop de valeur en France, ce qui rend la nation française difficile à gouverner. Les Français ne sont unis que par la crainte du ridicule. » (A. DE R.)

« Les Français causent bien, parce qu'ils savent céder dans la conversation. Ils laissent parler à temps les autres; ils soutiennent la conversation, qui ne peut être générale que lorsque chacun y met du sien et laisse la faculté aux autres d'en faire autant. » (A. DE R.)

« Avec d'anciens Gaulois, avec des Bourguignons, des Francs, le temps a fait les Français : le Français placé entre tous les peuples comme pour leur servir de lien ; le Français sociable par caractère, sociable par situation, doué d'une intelligence pénétrante, vaste, sûre ; sensé et cependant bouillant, impétueux, emporté, mais prompt à revenir, et toujours bienveillant et brave. » (THIERS.)

« Les Français peuvent éprouver une grande satisfaction de la prospérité matérielle dont jouit leur pays, car elle est due à l'énergie et à l'intelligence avec lesquelles ils travaillent toujours, à leur esprit d'économie et à leur sobriété. » (L. DE K.)

« Le Hollandais est, de sa nature, réservé
et taciturne. Il aime son travail, ses affaires,
l'intérieur de la maison, la vie de famille.
La visite d'un étranger dérange nécessai-
rement la régularité systématique de ses
habitudes, et y apporte de la surprise, du
trouble. Avant de l'introduire dans son
cercle domestique, le Hollandais veut voir
son hôte en particulier ; il est froid et contenu avec lui ; puis, une fois qu'il le connaît
et l'apprécie, il l'accueille avec abandon et

cordialité. . . . .

Ajoutons à ceci que tous les calculs d'économie si chère aux Hollandais sont mis de côté dès qu'il s'agit d'une question d'utilité publique. Je ne crois pas qu'il y ait dans aucun pays autant d'établissements de bienfaisance, de maisons de refuge pour les pauvres et les orphelins, et d'écoles gratuites, qu'il y en a en Hollande; et tous ces établissements ont été fondés et sont entretenus par les particuliers. » (MARMIER.)

« Les Hongrois sont souvent bien doués ;
ils ont quelque chose de chevaleresque et
une élégance naturelle. Ils sont impression-
nables et capables de cet enthousiasme qui
donne de nobles élans. Ils joignent au courage physique le courage moral. Le sentiment national est très-développé chez eux,
les domine en tout, les rend parfois exclu-
sifs et ne leur permet pas toujours de bien
juger les étrangers, surtout lorsqu'ils n'ont
pas de sympathie pour eux. On peut même

dire que les Hongrois sont enclins à avoir plus de mépris que d'estime pour les étrangers; mais ils savent toutefois entrer dans leur esprit et les captiver. A Londres, où on est plutôt difficile pour les étrangers, quelques Hongrois ont gagné bien plus de sympathies que tant d'autres étrangers.

« Les Hongrois sont très-hospitaliers; ils exercent l'hospitalité d'une façon très-délicate et très-large.

« Les Hongrois sont toujours sur le qui-vive à l'égard de leur nationalité; mais ils seraient bien autorisés à avoir moins d'inquiétude et plus d'assurance, leur nationalité bien caractérisée ayant des fondements très-solides, très-anciens et cimentés par de glorieux souvenirs, et devant maintenant être respectée dans l'intérêt de l'Europe.

« Ils ont en général beaucoup d'esprit politique, et ils en sont redevables à une certaine souplesse naturelle et à une très-longue expérience dans la vie politique, leur constitution étant la plus ancienne du monde. » (U. A. D.)

« L'Italien unit la vivacité et la gaieté d'esprit françaises au sérieux et à la solidité des Espagnols, et son caractère esthétique consiste dans le goût joint à la passion. Ayant, de ses Alpes, vue sur des vallées ravissantes, l'Italien peut se sentir à la fois animé de courage et invité à la jouissance tranquille. . . . .

« ...Ses traits expriment ses sentiments, et sa physionomie est pleine d'expression.

. . . .

...De même que le Français excelle dans le goût de la conversation, de même l'Italien dans le goût des beaux-arts. . . .
. . . . » (KANT.)

« L'Italie est le pays de la finesse. » (KANT.)

« La nation italienne a beaucoup d'esprit et de talents. » (KANT.)

« Les Italiens savent bien plaisanter, et pour cela il faut de la finesse d’esprit et de la délicatesse. Il y a souvent de la profondeur dans leurs plaisanteries. » (U. A.)

« On peut amener un Italien à tout faire quand on lui prouve qu’il a été dupé, et un Français fera tout ce qu’on voudra si on le défie. » (Luigi BLANCH.)

« On rencontre en Italie beaucoup de personnes qui se ressemblent. Les Italiens aiment à employer de la finesse, ce qui rend ressemblants les hommes les plus différents. » (U. A.)

« Les Italiens ont trop d'esprit pour ne pas voir tous les dangers et ne pas en être parfois intimidés. » (U. A.)

« Le trait le plus saillant du caractère national des Italiens est l'intelligence, la pénétration, la facile compréhension de toutes choses. Ce don précieux que la Providence a répandu sur l'Italie beaucoup plus que partout ailleurs, et qui brille encore de tout son éclat, est compensé, sauf un certain nombre d'exceptions remarquables, par une absence fréquente des qualités du caractère, telles que l'énergie, la force d'âme, le vrai courage civil. » (M. DE R.)

« Le génie italien, en fait de politique et d'administration, est naturellement porté aux moyens termes, aux accommodements. » (M. DE R.)

« Les Napolitains sont l'un des peuples les plus spirituels et les plus aimables de la terre. . . . .

... La Toscane est douce, spirituelle, un peu railleuse. » (THIERS.)

« L'Italien, quand il est sincère et bon, porte si loin, si haut la bonhomie, la simplicité, la vraie cordialité! Il y a pour leur cœur quelque chose qui ressemble à leur bon sens exquis, c'est cette physionomie chrétienne que prennent tous leurs mouvements les plus spontanés, comme cette droiture de raison qui fait qu'ils frappent au point juste sans se tromper de l'épaisseur d'un cheveu. Bien des fois, dans l'étude de l'esprit italien et des qualités qui constituent spécialement leur caractère quand il est cultivé et fécondé par la foi, j'ai cru pouvoir me rendre compte de la volonté providentielle qui a placé au milieu d'eux le siége de l'Église, et depuis si longtemps choisi parmi eux ceux qui la gouvernent. » (Lacordaire.)

Le peuple italien est un peuple d'artistes : « il a le compas dans l'œil », comme disait Michel-Ange; et il aime en toutes chose la proportion et la juste mesure. » (U. J.)

« L'Italie a pour les esprits les plus divers des charmes d'une nature spéciale. » (U. J.)

« Le caractère portugais n'est pas vindi-
catif; il est plutôt prime-sautier dans les
affaires de passion que dévoré de la soif de
vengeance. On verra souvent un Portugais
s'emporter avec violence dans une discus-
sion ou dans une querelle, mais, le lendemain, il tendra sans difficulté la main à son
ennemi. » (P. I..)

« Il n'y a pas de nation plus jalouse de sa dignité que la nation portugaise. » (P. L.)

« Quiconque connaît tant soit peu le Portugal et son histoire sait qu'il n'y a aucune race qui aime plus sa patrie et en soit plus fière que la nation portugaise. » (John Latouche.)

« C'est parce que les Portugais sont des gens si aimables, si sincèrement affectueux et si désireux de se rendre agréables à ceux qui sont en contact avec eux, que, malgré plusieurs inconvénients, on a du plaisir à voyager en Portugal. » (John LATOUCHE.)

« Le cœur du peuple portugais est sain et honnête. Le Portugal est un pays essentiellement agricole, et dans les districts ruraux le niveau de l'honnêteté et de la moralité est élevé. » (John LATOUCHE.)

« Les Portugais sont une race dans le sang de laquelle la vigueur du Nord est heureusement mêlée au génie subtil du Midi; une race qui possède de grandes et rares qualités qui ont sommeillé pendant quelque temps, et qui ont été temporairement amoindries par la corruption qui marchait de front avec la tyrannie; mais dont le réveil, dû à la douce influence de la liberté, est une des merveilles de l'histoire moderne. C'est une race qui a été toujours caractérisée par une rare union d'enthousiasme et de sobriété, et qui a été seulement empêchée par son infériorité numérique de gagner une puissance et une influence prédominantes parmi les nations; qui, malgré son insuffisance numérique, a conquis et colonisé des continents, traversé des mers inconnues et porté sa foi et son idiome dans les contrées les plus lointaines de la terre. » (Oswald CRAWFURD.)

« Le tempérament slave est naturellement porté aux extrêmes. » (G. DE MOLI-
NARI.)

« Les Polonais tiennent des Espagnols et
des Français. Il leur arrive que ce qui commence chez eux d'une façon pompeuse,
finit parfois d'une manière commune. »
(KANT.)

« Les Polonais et les Russes sont les uns et les autres d'origine slave. Il y a plus d'oriental dans leur caractère que dans celui de toutes les autres nations de l'Europe. » (KANT.)

« Les Polonaises ont des manières très-séduisantes; elles mêlent l'imagination orientale à la souplesse et à la vivacité de l'esprit français. » (Madame DE STAËL.)

« Si l'on pouvait enfermer un désir russe
sous une citadelle, il la ferait sauter. Il n'y
a point d'homme qui *veuille* aussi pas-
sionnément que le Russe. » (Joseph DE
MAISTRE.)

« Les Russes sont-ils faits ou ne sont-ils
pas faits pour les sciences? Sont-ils dans ce
genre « Romains » ou « Grecs »? C'est une

question qui ne peut-être encore résolue dans ce moment, et sur laquelle on peut parler également bien pour et contre; mais toutes les raisons qui parlent contre viennent du malheur qu'a eu la nation russe d'être mal acheminée. Alors, plus on marche, et plus on s'éloigne du but; pour l'atteindre, il faut revenir sur ses pas.

« Par quel incroyable aveuglement, par quel inexplicable enchantement une grande nation, si distinguée par sa sagacité naturelle, en est-elle venue à s'imaginer qu'elle pouvait contredire une loi de l'univers? Les Russes veulent tout faire en un jour; il n'y a pas moyen. On rampe vers la science, on n'y vole pas.

« Ils ont conçu deux idées également funestes : la première est de faire marcher de front la littérature et les sciences; la seconde est de réunir en corps l'enseignement de toutes les sciences. » (Joseph DE MAISTRE.)

~~~~~~~~~~~~~~~~~~~~

« Les Russes sont très-sensibles à l'opinion d'autrui; et cette préoccupation les rend si aimables pour l'étranger qui arrive chez eux, qu'il tombe d'abord sous le charme de leurs prévenances et de leurs bonnes façons. Au bout de peu de temps, cependant, on reconnaît qu'il y a beaucoup d'affectation dans leurs manières, et, en moins d'un mois, on est frappé de la quantité de mensonges qu'on a entendu faire autour de soi. L'humilité avec laquelle ils parlent de l'état arriéré de leur civilisation
~~~~~~~~~~~~~~~~~~~~

n'est que superficielle; en réalité, ils sont très-fiers de leur pays; et tout en ayant l'air de provoquer des critiques, ils en sont, au fond, très-mortifiés. » (E. C. GRANVILLE MURRAY.)

« Les Slaves, les Russes en particulier, n'ont pas moins d'ambition intellectuelle que d'ambition matérielle. Avec la témérité de l'adolescent qui, avant d'avoir appris toutes les leçons de ses maîtres, rêve déjà de les devancer, ils montrent vis-à-vis des vieux peuples de l'Occident un dédain que nous devons pardonner à la présomption de leur jeunesse. Ils se flattent déjà de résoudre les problèmes qui s'agitent stérilement chez nous, et croient avoir le secret de la régénération sociale et politique de l'Europe et du monde chrétien. L'avenir en décidera. En attendant qu'ils élargissent et renouvellent notre civilisation, ils se l'approprient et l'étendent territorialement; après n'avoir eu longtemps d'autre rôle que d'en garder les frontières, ils les reportent en avant; de l'arrière-garde de l'Europe, ils sont devenus son avant-garde dans la conquête de l'Orient et de l'Asie.

« Par le tempérament et le caractère, les Slaves présentent un ensemble de défauts et de qualités qui les place plus près des Latins et des Celtes que de leurs voisins les Allemands. Au lieu du flegme germanique, ils montrent souvent, jusque sous le ciel du Nord, une vivacité, une chaleur, parfois une mobilité, une pétulance, une exubérance, qui ne se retrouvent point toujours au même degré chez les peuples du Midi. Chez les Slaves du sang le moins mêlé, cette disposition a produit dans la vie politique un esprit remuant, inconstant, anarchique, un esprit d'incohérence, de division, de morcellement, qui a rendu difficile leur existence nationale, et qui, avec leur situation géographique, a été le grand obstacle au progrès de leur civilisation. La faculté qui distingue le plus généralement toute la race, indépendamment des divers croisements de ses différents peuples, c'est une certaine flexibilité, une certaine élasticité de tempérament et de caractère, des organes et de l'intelligence, qui la rend propre à recevoir et à reproduire toutes les idées et toutes les formes.

« On a souvent parlé du don d'imitation des Slaves; ce don s'applique à tout, aux mots comme aux pensées ; il s'étend à tous les âges, à tous les sexes. Cette malléabilité slavonne, du Polonais comme du Russe, n'est peut-être au fond qu'un des résultats de leur histoire et par suite de leur position géographique. Derniers venus à la civilisation et longtemps inférieurs aux races voisines, ils ont toujours été à l'école d'autrui. Au lieu de vivre d'inventions, ils ont vécu d'emprunts, et l'esprit d'imitation est devenu leur faculté maîtresse, parce que c'était pour eux la plus utile aussi bien que la plus exercée.

« Le retard de leur développement en même temps que l'imperfection de leurs frontières et de leurs cadres géographiques, n'ont point laissé les différentes tribus slaves arriver à une individualité aussi tranchée, aussi complète que celle des nations latines ou germaniques. Aussi haut que l'on peut remonter dans le passé, on les trouve cependant divisées en deux groupes que les influences historiques devaient pousser à un fatal antagonisme. A l'est, vers le Dniéper, ce sont les Slaves orientaux, d'où, avec les Russes, semblent être sortis les Slaves du Sud, Bulgares, Serbes, Croates et Slovènes. A l'ouest, sur la Vistule et l'Elbe, ce sont les Slaves occidentaux ou Lékites, Polonais, Tchèques, Slovakes, avec d'autres peuples aujourd'hui détruits ou absorbés par les Allemands, et dont la Lusace saxonne et prussienne nous offre encore dans les Wendes un débris vivant. La position géographique de chacune de ces trois tribus a décidé de leur histoire et a fait aux deux principales des destinées ennemies.

« A l'ouest, les Slaves occidentaux ont
rencontré l'influence de Rome; à l'est, les
Slaves orientaux, celle de Byzance; de là
est sorti un antagonisme qui, pendant des
siècles, a mis aux prises les deux plus
grands peuples slavons. Unis par la communauté d'origine et l'affinité des langues,
ils se sont trouvés séparés par tout ce qui
est le plus fait pour lier les hommes : par
la religion, par l'écriture et le calendrier,
par les éléments mêmes de la civilisation.
De là entre la Russie et la Pologne une
lutte morale autant que matérielle, lutte
qui, après avoir failli anéantir l'une, a coûté
l'existence à l'autre. . . . . » (Anatole
Leroy-Beaulieu.)

« Le Russe est souvent généreux; il a beaucoup de peine à être juste. » (UN ILLUSTRE HISTORIEN.)

« Les nihilistes font voir qu'il peut y avoir chez les Russes, à côté d'une perversité incommensurable, un courage qui brave tous les dangers, une énergie indomptable et une intelligence extraordinaire. Si ces qualités étaient vouées à de nobles entreprises, au lieu de servir à des attentats abominables, le résultat devrait être tel que l'on serait saisi d'admiration. » (U. D.)

« Les Suédois ont une réputation de bravoure justifiée par leur passé glorieux et par leur caractère. On les appelle « les Français du Nord ». Ils sont chevaleresques, honnêtes, laborieux et solides jusqu'à en devenir parfois pesants. Ils ont un sens pratique très-développé, auquel est due la grande prospérité de leur commerce et de leur industrie. Ils sont cérémonieux, susceptibles et enclins à être jaloux. Il y a du romanesque dans leur caractère, et l'idéal a beaucoup d'attrait pour eux, comme l'atteste leur littérature.

« Les Danois ressemblent beaucoup aux Suédois, et encore plus aux Norwégiens, mais ils ont plus de vivacité que les Suédois. » (N. D.)

PARIS. — TYPOGRAPHIE DE E. PLON ET Cⁱᵉ, RUE GARANCIÈRE, 8.

www.ingramcontent.com/pod-product-compliance
Ingram Content Group UK Ltd.
Pitfield, Milton Keynes, MK11 3LW, UK
UKHW022208120726
13694UKWH00002B/468